危险驾驶罪研究

梁 宾 著

中国人民公安大学出版社
·北 京·

图书在版编目（CIP）数据

危险驾驶罪研究/梁宾著．—北京：中国人民公安大学出版社，2016.7

ISBN 978-7-5653-2603-5

Ⅰ.①危…　Ⅱ.①梁…　Ⅲ.①道路交通安全法—研究—中国　Ⅳ.①D922.144

中国版本图书馆 CIP 数据核字（2016）第 105392 号

危险驾驶罪研究

梁　宾　著

出版发行：中国人民公安大学出版社
地　　址：北京市西城区木樨地南里
邮政编码：100038
经　　销：新华书店
印　　刷：北京兴华昌盛印刷有限公司

版　　次：2016 年 7 月第 1 版
印　　次：2016 年 7 月第 1 次
印　　张：7.25
开　　本：880 毫米×1230 毫米　1/32
字　　数：169 千字

书　　号：ISBN 978-7-5653-2603-5
定　　价：30.00 元

网　　址：www.cppsup.com.cn　www.porclub.com.cn
电子邮箱：zbs@cppsup.com　zbs@cppsu.edu.cn

营销中心电话：010-83903254
读者服务部电话（门市）：010-83903257
警官读者俱乐部电话（网购、邮购）：010-83903253
电子音像与数字出版分社：010-83901601

序

2011年5月1日起施行的《刑法修正案（八）》设立的危险驾驶罪，是我国刑法中一个典型的轻罪（法定最高刑只有6个月拘役）。但是，从立法抉择到司法适用，危险驾驶罪在刑法理论界和司法实务界引起的争议、讨论都相当热烈，并且受到社会公众的高度关注。在立法过程中，对于要不要将没有造成实害后果的醉酒驾驶机动车等行为设置为犯罪，就存在较大争论：有的意见认为，我国刑法已经设立了交通肇事罪和以危险方法危害公共安全罪，这两个罪名基本上可以完整地惩治严重的交通领域犯罪，对于没有造成实害结果的醉酒驾车、追逐竞驶等危险驾驶行为，根据治安管理处罚法就足以有效惩处，醉酒驾车等行为虽然对交通安全造成极大隐患，但没有必要动用刑法予以调控，刑法要讲究谦抑性；有的意见则认为，随着我国机动车辆保有量的不断增加，交通事故日益频繁，借鉴国外先进立法例，有必要将刑法防线前移，对于单纯的醉酒驾车等危险驾驶行为予以犯罪化，总体上有利于震慑行为人，有效降低交通安全事故、减少隐患。在反复征求各界意见、充分进行民意调查的基础上，《刑法修正案（八）》最终顺应社会发展的需要和民众的呼声，将在道路上驾驶机动车追逐竞驶、情节恶劣以及醉酒驾驶机动车的两类行为规定为危险驾驶罪。为了更加全面地惩治危险驾驶行为，结合实际需要，2015 年 11 月 1 日起施行的《刑法修正案（九)》进一步完善了危险驾驶罪的行为类型，增设了从事校车业务或者旅客运输严重超载、超速和违反危险化学品安全管理规定运输危险化学品、危及公共安全的两类行为。

应该肯定，危险驾驶罪设立以来，“醉驾属于犯罪”的观念逐渐深入人心，醉酒驾驶机动车等一定程度上得到了有效遏制，罪刑规范的威慑力取得了良好的效果，但是，危险驾驶罪的设立并没有终结关于危险驾驶行为犯罪化合理性的讨论。在立法确立危险驾驶罪后，该罪的司法认定问题成为议论的中心，但这些司法适用问题也成为深入讨论、反思危险驾驶行为犯罪化合理性问题的诱因。从立法和司法两个角度探讨危险驾驶罪仍然是研究的一个显著特征。

需要指出，以往对危险驾驶罪特别是有关该罪司法适用问题的研究，在法理基础和论述的系统性、完整性方面是有限或有缺陷的。危险驾驶罪的设立，具有行为无价值立法取向的代表性，涉及违法性根据、危险犯构造、刑法与非刑事法律衔接等诸多刑法基本理论问题，如果脱离基本理论研究构成要件，则难以真正解决司法适用的疑难问题。

梁宾博士长期在基层司法机关工作，并多年担任基层法院领导，后在张军教授的指导下于中国人民大学法学院在职攻读刑法学博士学位。她在博士论文的基础上撰写的《危险驾驶罪研究》，是一部系统性研究危险驾驶罪的专著。在该著作即将付梓之际，我受梁宾博士邀请为书作序，有机会较早地品阅。我认为，这是一部具有开拓性的、值得广大刑法学界同仁和刑事司法实务工作者参酌研读的著作，兹就其特点特色介述评阅如下：

1. 视野宏阔，立论溯源

危险驾驶罪的解释学研究，一般停留于实定法层面，主要对刑法既定的行为类型进行规范意义的探讨研析。但梁宾博士的著作，首先从刑法基本理论——刑法中“危险”概念的确定这一问题上展开，并借鉴风险社会理论，颇有新意地通过逻辑限缩，得出刑法中的“危险”是指“超出被允许的风险并耗尽社会利益盈余后，行为令社会遭受损害的可能”，而“危险驾驶行为”应当定义为“违反交通法律规范，超出被允许的风险并耗尽驾驶行为的社会利益盈余后，令社会遭受损害可能的驾驶行为”。

尽管在刑法理论中普遍使用的“危险”与危险驾驶罪中的“危险”在内涵上是否一致、两者关系如何，尚有待进一步研究，但著作不完全拘泥于实定法而从基本理论入手进行“刨根问底”的探究，有助于开阔我们的研究视野，探寻立法的社会理论基础和实质依据，最终有助于我们在司法实践中从精髓上把握构成要件。实务中对于危险驾驶罪的许多构成要件要素，都存在很大争议，比如“醉酒”是否包括服用含有酒精的药物而导致迷醉状态，见解不一，而从危险概念的基础研究入手便容易寻找规范解释的有力支撑，获得合理解释结论。

著作除了从纵向剖析危险驾驶罪立法的根基性问题外，还从横向比较研究了世界各国对危险驾驶行为予以刑法规制的沿革和规律。作者分析认为，各国的相关立法呈现出起初刑度较低、然后逐渐提高刑度上限的趋势，因此，我国立法也应当防止过度侧重一般预防效果的刑罚，在能够保障个别正义之后逐渐提高刑度，强化刑法对危险驾驶行为的威慑。这些研究无疑能够为今后立法工作提供重要的理论参考。

2. 个罪为点，由点及面

对于危险驾驶罪如果就事论事进行研究，意义不大，也难以深入。而这部著作中作者紧扣危险犯理论学说和危险驾驶罪的具体构造，由点及面，以面察点，非常细致精辟地提出了一些独创性的观点见解。比如，作者认为包括危险驾驶罪在内的所有危险犯之成立都不需要实害结果发生，但作为犯罪成立因素的危险究竟是具体的危险还是抽象的危险，会因为立法注重法益保护及其价值的程度而有所不同。作者认为，具体危险是指个案中某行为对法益造成实害的密切可能性，抽象危险则是指立法者确定的一般情况下某类特定行为方式对法益造成实害的较大可能性；竞驶型危险驾驶罪与危化型危险驾驶罪属于具体危险犯，其作为具体危险犯的立法价值是为了周延法益的保护，方式是提高重要法益中行为人的注意义务；而醉酒型危险驾驶罪以及超速超载型危险驾驶罪属于抽象危险犯，其作为抽象危险犯的立法价值在于其绝对地延伸了刑法对醉酒驾驶行为以及“超速超载”驾驶行为规制的广度，积极追求刑法的一般预防功能。学界很多人认为，由于刑罚差异明显，运用抽象危险犯立法实现一般预防目的，其效果远逊于实害犯。对此，作者认为，虽然抽象危险犯的处罚较轻，但其与具体危险犯和实害犯相比的重要优势在于防卫时间提前，以此看来，抽象危险犯的立法成绝对值地增强刑法积极的一般预防功能。这些观点既有助于加深对危险驾驶罪立法目的的理解，更有助于深化危险犯的基础理论研究。

3. 规范解释，注重实务

梁宾的这部著作结合司法实践需要，详细地就危险驾驶罪的构成要件、司法认定中一些焦点疑难问题展开了研究，体现了理论联系实际、解释注重实务的特点。作者将危险驾驶罪中“在道路上”限制解释为“陆路交通”，“陆路”的范围包括公路、虽在单位管辖范围但允许社会机动车通行的地方、封闭单位管辖范围内可供机动车行驶的路段、某些只供自然人通行的路段，而村镇小路如泥土路、石子路、机耕道等不宜纳入其中。同时指出，四类具体危险驾驶罪的犯罪客体并不完全相同，有的为陆路交通安全，有的是特定陆路交通秩序。对于“醉酒”，作者认为在现阶段宜坚持绝对标准（未来增加相对标准），即只要该行为在陆路上发生和酒精含量达到了醉酒标准，就符合危险驾驶罪的构成要件；认定“追逐竞驶”应当把握好行为以特定机动车为目标的竞争性以及违法方法驾驶的危险性这样两个本质属性；“严重超过额定成员”与“严重超过规定时速”的确定需要考虑到与行政法律既有规定的区别与协调；在主观方面，竞驶型危险驾驶罪以及危化型危险驾驶罪应为间接故意，其认识因素是追逐竞驶行为或者违规运输危化品的行为将造成陆路交通安全的具体危险；醉酒型危险驾驶罪与双超型危险驾驶罪的主观方面一般出于间接故意，其认识因素是其醉酒驾驶行为或者严重超过额定乘员载客或者严重超过规定时速行驶的行为将引发抽象危险。

对于“醉驾是否一律入刑”的问题，作者从法理学、犯罪学、心理学等多个角度阐明了公众行为习惯的养成要有一个循序渐进的过程，不是一味重刑就能解决问题。对于竞驶型危险驾驶罪的司法认定，作者认为判断其是否“情节恶劣”的标准应为产生具体危险。作者还就危险驾驶罪与交通肇事罪、以危险方法危害公共安全罪等相关犯罪的关系进行了探讨。这些深入细致的探讨，对于当前危险驾驶罪的司法实践均有所裨益。

当然，本书内容也有需要进一步探讨的地方，如对立法与司法解释的完善尚有讨论的空间等。瑕不掩瑜，这是一部较为全面研究危险驾驶罪立法和司法问题的专著，我乐意向刑法学界和刑事司法实务界的同仁推荐。

是为序。

高铭暄*

2016年7月于北京师范大学

* 中国人民大学法学院荣誉一级教授、博士生导师，中国刑法学研究会名誉会长。

目 录

第一章　危险驾驶行为定义研究

近年来，学界对危险驾驶罪的研究十分炙热，特别是2011年《中华人民共和国刑法修正案（八）》（以下简称《刑法修正案八》）设立危险驾驶罪以来，危险驾驶罪更成为理论界与实务界关注的焦点。[①] 其后，随着《中华人民共和国刑法修正案（九）》（以下简称《刑法修正案九》）对危险驾驶罪进行“扩容”，危险驾驶罪的研究迎来了新高潮。[②] 然而，据所掌握的材料来看，在浩如烟海的研究成果中，直接界定危险驾驶行为的学者寥寥无几。[③] 学界对危险驾驶定义的研究如此冷淡，到底是危险驾驶行为的定义确实不存在学术价值还是理论研究的疏忽？

第一节　研究危险驾驶行为定义的价值

明确危险驾驶行为的定义是研究危险驾驶行为刑法规制的重

---

① 中国期刊全文数据库收录的数据显示，截至2014年2月，仅篇名中包含“危险驾驶”的期刊论文就有近400篇，另有硕士论文几十篇。

② 中国期刊全文数据库收入的数据显示，自2014年11月《刑法修正案九》的草案正式向社会征求意见开始到2016年5月，仅篇名中包含“危险驾驶”的期刊170余篇，另有硕士论文30余篇。

③ 据本书掌握的材料，仅刘远、李朝晖、张煜科、许莹竹对危险驾驶行为进行了明确界定。

要基础和前提，而学界令人遗憾地忽视了对其定义的研究。学界长期以来不关注危险驾驶行为概念可能源于以下观念：危险驾驶行为是众所周知的概念，无需研究；或者只需列出危险驾驶行为的具体种类即可满足学术研究的要求；或者研究危险驾驶罪的客观构成要件既已包含了危险驾驶行为的定义；或者相关的刑法修正案中已经有明确的界定，只需研究刑法中规定的危险驾驶行为即可。应当说，上述观念均是站不住脚的。

第一，“人类语言的非凡成就得力于创造出许多普遍的概念，使人类的思考、沟通和决策能有重要的凭借。”① 概念无疑是解决法律问题的必备工具，舍弃对该概念的明确界定，研究的具体对象和范围也将陷于模棱两可的境地。确定危险驾驶行为的概念殊非易事，比如“危险驾驶行为”的“危险”具体指代何物，违法的驾驶行为是否均为危险驾驶行为？尽管消释这些困惑也并不容易，但是考虑到学界讨论危险驾驶罪所出现的许多分歧都源于危险驾驶行为的界定，出于厘清危险驾驶罪司法适用中的争议和分歧的实际需要，有必要率先厘定危险驾驶行为的含义。

第二，仅列出危险驾驶行为的种类，而不从本质上界定危险驾驶行为的内核，无法满足研究危险驾驶行为刑法规制的学术要求。如果说危险驾驶行为的种类是现象，那么危险驾驶行为的定义就是本质，不从根本上提炼危险驾驶行为的本源性、内在性与共同性特质，单纯对危险驾驶行为的特征进行类型性描述的做法，既无法真正掌握危险驾驶行为的内涵与外延，只能受制于实定法的已有规定，也无法对危险驾驶行为的种类进行独立的判断，只

① ［英］丹尼斯·罗伊德：《法律的理念》，张茂柏译，上海译文出版社2014年版，第220页。

能人云亦云。

第三，研究危险驾驶行为的定义有独立于危险驾驶罪客观构成要件研究的价值。危险驾驶罪的客观构成要件只关注刑法中规定的危险驾驶行为类型，这样便忽视了刑法中未规定的危险驾驶行为类型，也不利于危险驾驶行为刑法规制和行政法规制之间的衔接。况且，危险驾驶罪客观构成要件的研究更多的是从刑法解释学出发，侧重于司法适用中危险驾驶行为的法律认定，而这些都需要以危险驾驶行为的定义及其本质特征为指导。

第四，危险驾驶行为定义的研究不能局限于刑法已有的规定。虽然刑法中已经明确了受其规制的四种危险驾驶行为，但因立法具有滞后性，立法的规定不足以作为学术研究的起点，立法需要经历不断自我否定的过程从而得到完善，而立法完善的重要动力来源便是学术研究，故学术研究必须以立法为支点并超前于立法，这也是学者的使命和担当。具体到危险驾驶行为的刑法规制，其必须以刑法的规定为基础，并对同样属于危险驾驶行为但尚未纳入刑法的行为进行研究，明确界定危险驾驶行为。危险驾驶行为的刑法规制是为了维护整体的法秩序服务，在这个法秩序中，还有行政法规制这一重要的法律手段，界定清楚危险驾驶行为，可为将来在危险驾驶行为规制上犯罪圈可能发生的变动提供理论支持，也有助于理顺刑法和行政法规制危险驾驶行为的职责分工，以实现维护整体法秩序的终极目标。

第五，虽然危险驾驶行为的内在本质难以把握，定义危险驾驶行为存在相当的困难和障碍，但域外立法例的相关规定提供了富有价值的参考。譬如，英国在立法上即详细明确了危险驾驶行为的含义。详言之，英国1991年《道路交通条例》将“危险驾驶含义”规定为：任何人将被认为构成危险驾驶：（1）当且仅当①其驾驶方式远未达到一个令人满意的、谨慎的司机所被期望的程度，且②对于一个令人满意的、谨慎的司机而言，很明显地，以此种方式驾驶将是危险的。（2）如果对于一个令人满意的、谨慎的司机而言，在汽车当前的这种状态下驾驶，明显是危险的。（3）在上述第1款和第2款中，“危险”是指对任何人造成伤害的危险或者严重损害财产的危险；鉴于上述款项之目的，在具体案例中，为确定何为一个令人满意的、谨慎的司机所被期待的内容，或者何为对其是明显的，不仅应当考虑他能够被期待所明知的情况，也应当考虑被证明是在被告人知识范围内的任何情况。（4）鉴于如上第2款的目的，在确定汽车的状态时，要考虑加于其上或其车内所承运的任何物品，也要考虑其所附加或者承运的方式。[①] 英国《道路交通条例》关于“危险驾驶含义”的立法范例得到不少国家和地区的推崇，我国香港地区2000年《道路交通条例（修正案）》、澳大利亚联邦西澳大利亚州2004年《道路交通条例（修正案）》以及《加拿大刑事法典》均积极仿效借鉴。当然，这种立法例所采用的具体方式和所规定的具体内容对本书定义危险驾驶行为也具有重要价值。

英国《道路交通条例》所规定的“危险驾驶含义”的具体内容详尽周密以致产生冗长杂乱的错觉，但这对于从根本上把握危险驾驶犯罪的内在本质，化解司法适用中可能出现的分歧和疑难，方便司法机关根据案件情况作出适当裁判具有非凡的意义。同时，从危险驾驶行为的内核出发所得出的定义具有相当的概括性、抽象性、灵活性和延展性，其不拘泥于实定法已经规定的危险驾驶行为种类，能够涵盖原本尚未危及公共（交通）安全的驾驶行为

---

① 参见赵秉志主编：《英美刑法学》，科学出版社2010年版，第435页。

因为社会变迁而危及公共（交通）安全的驾驶行为，也能够将原本作为犯罪处理的危险驾驶行为因为社会变迁而不具备值得刑法防范必要性的行为逐出刑法的规制范围，因而能够根据社会发展的实际需要，对其内涵和外延进行相应调整。

第二节　危险驾驶行为的既有定义及反思

从已经掌握的材料来看，学界对危险驾驶行为的定义并不多，本书将一一评述。学界定义中，第一种定义为："驾驶机动车过程中制造为社会所不容许的交通危险行为，主要包括无证驾驶……"①。第二种定义为："违反交通运输管理法规，明显处于难以正常驾驶状态驾驶机动交通工具，以危险的方式或者速度驾驶交通工具，危害公共安全的行为"。② 第三种定义为："交通运输过程中，驾驶人员严重违反交通安全法规，足以导致严重危险的驾驶行为"③。第四种定义先抽象地指出危险驾驶行为是行为人使自身陷入不能安全驾驶的状态，再具体列举几种典型的情形。例如，有学者将"危险驾驶行为"定义为："行为人在驾驶前或驾驶过程中，使自身陷入驾驶能力低于安全驾驶要求的状态，驾驶速度严重超过或低于限制速度，或明知自己根本不具有完成驾驶所需的驾驶能力和技术，仍坚持驾驶机动车辆，从而使危险状态转化为交通事故

---

① 刘远：《危险驾驶的刑事责任问题探究》，载《法学论坛》2009 年第 6 期。

② 李朝晖：《危险驾驶行为犯罪化的应然表述》，载《江汉论坛》2011 年第 6 期。

③ 张煜科：《危险驾驶行为犯罪化研究》，南昌大学 2009 年硕士学位论文。

的可能性增大的行为。"[①] 这四种定义方式瑕瑜互见、各有利弊，兹评述如下：

第一种定义采用概括加列举的方法，既归纳了危险驾驶行为的一般含义，又将典型的危险驾驶行为类型列举出来。[②] 其运用"社会所不容许"这一国际通行的限定词以界定危险，值得肯定。但该定义中"交通危险行为"的表述存在缺陷：其一，犯了循环定义的逻辑错误，被定义项是"危险驾驶行为"，但在"交通危险行为"的表述中仍然用"危险"一词，该定义中并未指明到底什么是"危险"。其二，"交通危险行为"语义模糊。根据其定义，危险驾驶行为是"制造为社会所不容许的交通危险行为"，由于"交通危险行为"缺少"的"作为连接词，导致被定义项"危险驾驶行为"究竟是"制造为社会所不容许的交通危险的行为"还是"制造为社会所不容许的交通的危险行为"含义不明。据本书揣测，该学者想表达的意思应为前者。另外，该学者以"社会所不容许的交通危险"来界定"危险驾驶"中的"危险"，据此推测，其认为"危险"既包括社会所容许的"危险"，也包括社会所不容许的"危险"，这里就涉及一个问题："危险"是否可为社会所容许，"危险"和"风险"之间的区别何在？

第二种定义将危险驾驶的行为区分为行为人处于难以驾驶的状态下和行为人处于良好的状态下驾驶的行为，具有科学性。但其定义也存在以下缺陷：其一，存在循环定义的嫌疑。其内容中也用了"危险的方式"的表述来定义"危险驾驶"。其二，定义中

---

① 许莹竹：《危险驾驶行为刑法规制研究》，西南大学 2011 年硕士学位论文。

② 需要说明的是，本书在危险驾驶行为的定义部分只针对其一般含义作出界定，出于行文结构的安排，其具体行为类型后文再予讨论。

有模糊之处。其使用“难以正常驾驶状态”的表述，但什么是“正常驾驶状态”，喝了微量的酒，以至对大脑有一点影响，是否处于“正常驾驶状态”，如果不是，那需要多么“不正常”才达到危害公共安全？另外，其以“行为人违反交通运输管理法规”为前提，难说其存在必要。违反交通运输法规，也不必然能称之为危险驾驶行为，如果行为人没有违反交通运输法规，也不一定就不属于危险驾驶行为。

第三种定义将是否构成危险驾驶行为，几乎都依赖于交通安全法规的判断，虽其连用了两个“严重”，以期表达危险驾驶的危害，但由于没有实质的界定内容，仅以空洞的“严重”无法明确表达危险驾驶行为的内涵。再者，“严重”和“危险”这个偏正结构的短语不符合语法的要求，“严重”只能和实然的结果结合使用，如“严重危害、严重后果”，而“危险”只能和表大小的修饰词一起使用，如“巨大危险、危险不大”，其不能和表程度的“严重”连用。且其定义中出现的“严重危险”作为界定危险驾驶的内容，犯了循环定义的错误。

第四种定义将危险驾驶行为分为三类，较为全面和具体。但该定义还存在语言模糊之处，其“危险状态转化为交通事故的可能性增大”的标准并不明确，只要有驾驶行为，就可能产生交通事故，交通事故发生的可能性本身就十分模糊，再加上“增大”的限定语，就更不具备明确性。另外，该定义中还涉及两个问题需要进一步探讨：第一，“驾驶能力低于安全驾驶要求的状态”是否需要自己主动陷入。如果是被动陷入安全驾驶状态，如被人灌酒达到醉酒状态后再驾驶的行为，可否算危险驾驶。第二，是否要求驾驶速度严重高于限制速度，才能构成危险驾驶。若仅依照驾驶限速判断，只要不超过最高限速，就不能认定为危险驾驶，然而，如果在十分拥堵的道路上，以每小时50公里速度在车流中穿插行驶，但其仍在每小时80公里的最高限制速度以内，是否算危险驾驶行为。本书认为，判断危险驾驶的速度标准应该依照具体个案情状，即使在限制速度以内，也不能推定其驾驶行为就不是危险驾驶，只要在具体个案中，其驾驶行为仍然导致了刑法中危险的产生，就应认定为危险驾驶。这里就引出一个重要的问题：刑法中的“危险”到底指什么呢？

第三节 定义危险驾驶行为之关键：刑法中的“危险”

一、问题之缘起

“危险概念是一个危险的概念。”[①] 从学界对危险驾驶行为的界定可以发现，大部分学者都在界定内容中借助了“危险”一词，但却犯了循环定义的错误。解决这一问题的关键在于明确“危险”的涵义。《现代汉语词典》中对“危险”的定义为：“危险是有遭到损害或失败的可能”，抑或“遭到损害或失败的可能性”。[②] 但这样的涵义界定却不便直接用于刑法中，换言之，并不是只要有遭到损害的可能或者可能性都可以作为刑法视野中的“危险”。刑法作为社会秩序的最后一道防线，触角当然不得延伸到对任何遭到损害的可能的规制上。既然这样，发生损害的诸多可能中需要多严重的损害才作为刑法规制的对象，发生损害的可能性的概率

---

① ［日］木村龟二：《新刑法读本》，法文社1959年版，第263页。

② 中国社会科学院语言研究所词典编辑室编：《现代汉语词典》（第6版），商务印书馆2012年版，第1349页。

要多高刑法才介入，在上述定义中均未得到解决，故《现代汉语词典》作为代表社会大众的对“危险”的理解，无法满足刑法学的需要。

在法学领域，虽存在对“危险”的解释，但这些解释大多侧重于民商法领域的解读。例如，《北京大学法学百科全书·民法学、商法学卷》中对“危险”的定义为：“又称风险，自然界和人类社会中客观存在的，人类无法把握与不能确定的，足以造成社会财富的损毁或影响人的生命安全的潜在损失机会。”[①]《法学大辞典》中对“危险”的定义为：“又称风险。灾害事故发生造成损失的可能性。”[②] 观察现有资料对“危险”法学涵义的界定将发现，“危险”在法学辞典中虽有一席之地，但其与《现代汉语词典》中对“危险”的定义不存在本质区别，仅指其中造成损害的可能性，且这些定义大都将“危险”与“风险”混同使用。当然，法学领域对“危险”的上述定义及其与“风险”的混同使用，并不影响民商法的理论与实践。即便在美国，其对“危险”和“风险”也没有明确区分。[③] 民商法关注的是结果，对某一行为，只需认识到其存在损失的可能性即已足够，重点在于事件的结果是否发生，民事责任也以结果责任为主，故其对“危险”概念的精确性要求并不高，将其与“风险”混同也不会产生法适用的障碍。然而，

---

① 魏振瀛、徐学鹿、郭明瑞主编：《北京大学法学百科全书·民法学商法学》，北京大学出版社2004年版，第948~949页。

② 邹瑜、顾明主编：《法学大辞典》，中国政法大学出版社1991年版，第621页。

③ 《牛津法律大辞典》中对危险（danger）的定义为，导致某些伤害的风险。[英]沃克：《牛津法律大辞典》，李双元等译，法律出版社2003年版，第303页。

刑法关注的是行为，其保护法益的程度更高，对行为的处罚不需以危害结果发生为前提，行为对法益侵害的危险足以构成处罚的理由，故刑法中对“危险”判断的精确性要求更高，法学辞典中对“危险”的界定，仍然无法满足刑法学的需要，其将“危险”与“风险”的混同甚至增加了刑法中界定“危险”的困难。可见，刑法中的“危险”须和社会普遍的“危险”概念有所区别，法学领域侧重于民商法领域对“危险”的解读也不利于刑法中“危险”的理解，刑法学急需确定适合自己的“危险”的涵义。

遗憾的是，任何一本刑法学辞典中都没有关于“危险”的专门界定，而“危险犯”却在辞典中成为刑法学重要且富有特色的概念，几乎所有刑法学辞典及法学辞典都不会错过“危险犯”的解释，但其中都没有直接解决“危险”的涵义。例如，《中华法学大辞典》中对“危险犯”的定义：“实害犯的对称。行为具有造成一定后果的危险，不待实际损害发生，即构成既遂的犯罪。”① 从以上界定，可知辞典中“危险犯”的解释依然没有说明“危险”到底是什么，反而以“危险”作为自身定义的重要根据。说起“危险”，刑法学者也大都直接跳到危险犯的概念，若要进一步解释，便津津乐道地引出“具体危险犯”和“抽象危险犯”的区别，但什么是具体的危险，什么是抽象的危险，一直是困扰学术界的一大难题，这个难题之所以出现，看似因为“抽象”和“具体”本来就是一对模糊的概念，实际上其根本问题还在于刑法学上“危险”概念从未有人真正界定过，而这是危险驾驶行为界定的关键所在，更是危险犯理论研究中被长期忽略的最基本问题。

---

① 力康泰、丁慕英、马克昌等编：《中华法学大辞典·刑法学卷》，中国检察出版社1996年版，第584页。

二、“危险”的词源及其刑法限缩

考察中国有关于“危险”的词源，可知古文中并无“危险”的提法，其“危”和“险”都分开使用。“危”的核心含义为“不安全”[1]，“危”所表示的不安全虽没有严格的程度限制，但其一般达到了较严重的程度。[2]“险”的核心含义为一种困难境地。[3]由于20世纪初汉语经历了从古文到白话文的蜕变，大量的双音节词被组合出来，具体就“危险”而言，经组合后，其一般含义应为“不安全的境地，即遭受损害的可能”。但由于刑法的特性及其定位，不可能对所有造成不安全境地的行为处罚，刑法中“危险”的概念需要在其一般含义的基础上限缩。本书认为，刑法“危险”概念的确定需要经过以下几个层次的限缩：

（一）第一层次的限缩：基于对象与主体

“危险”的一般含义为“遭受损害的可能”，以损害的对象为标准，“危险”既包括“令自己遭受损害的可能”，也包括“令社会遭受损害的可能”，刑法一般不规制单纯的自损行为，如自杀行为并不构成犯罪，故基于损害对象的限缩，“危险”应界定在“令社会遭受损害的可能”的范围之内。

---

① 《辞源》中“危”的解释为：“凶险，不安，‘安危相异，祸福相生’；畏惧、忧虑；危害……”广东、广西、湖北、河南辞源修订组、商务印书馆编辑部编：《辞源》，商务印书馆2010年版，第457页。

② 《辞海》中“危如累卵”的解释为：“危险得像累叠的卵，形容情势极其危险。”夏征农、陈至立主编：《辞海》（第六版缩印本），上海辞书出版社2010年版，第1948页。

③ 《辞源》中“险”的解释为：“险要、阻难，如天险不可升也，要隘之地；损伤……”广东、广西、湖北、河南辞源修订组、商务印书馆编辑部编：《辞源》，商务印书馆2010年版，第3597页。

以损害来源的主体为标准，“危险”可以分为“由自然原因造成的”及“由人为原因造成的”，刑法学规范的是人的行为，自然原因造成的损害只能算作意外事件，损害结果由个人承担，国家虽可给予适当救助，但此处不会出现刑法的身影。故再基于损害来源的限缩，“危险”的概念应界定在“行为令社会遭受损害的可能”的范围之内。

（二）第二层次的限缩：基于社会允许的风险

经第一层次的限缩，“危险”的概念已在“行为令社会遭受损害的可能”之内，接下来需追问的是，是否人所实施的所有具有令社会遭受损害可能的行为刑法都应规制。例如，城市中的汽车在行驶过程中，不可避免地会发生交通事故。也即汽车设计出来后，其投入使用必然存在令社会遭受损害的可能。即使这样，也不能将设计汽车的行为纳入刑法管辖，因为汽车也为社会带来了重大的利益，要详细解释其中的原因，需要借助经济学中“风险”的概念。

《现代经济词典》中将“风险”界定为：“事物未来变化的不确定性可能使决策者得到的收益低于期望收益甚至遭受损失。”① 风险总是和不确定性联系在一起，风险就其整体而言是可以预测的，但对于个体而言，则是未知的。② 现代工业社会经济、技术等高速发展，但社会存在的风险却越来越多，风险从何而来？乌尔

① 刘树成主编：《现代经济词典》，江苏人民出版社2005年版，第245页。

② 参见胡代光、高鸿业主编：《西方经济学大辞典》，经济科学出版社2000年版，第704页。

里希·贝克指出，风险来源是基于理性的认知，[①] 既然已经认识到风险会随着对自然控制的增强而增多，人们却仍期望对自然的控制日趋完美，其根本原因在于对自然的控制能为社会自身带来利益，虽然由此带来的利益同时会引起未来不确定的风险，但风险带来的损失在整体上可以根据既有的认知和经验确定，且该风险小于由此获得的预期利益，故社会甘冒风险去追求这些利益。可见风险是社会主动选择且不可避免的，社会为了追求某些利益自愿忍受相应的风险，这从贝克的观点中也可得到佐证。[②]

下一步需探讨的是，社会对什么类型的风险会选择忍受，从而允许或鼓励这种行为。在投资学上，存在“风险偏爱”的情况，即投资者的确定性等值大于其投资收益期望值。[③] “风险偏爱”的情况下投资者倾向于进行投资。在社会学中同样存在“风险偏爱”的情况，不过此时的风险是某行为给社会造成损害的风险，而

---

① 贝克指出风险产生的原因并不是对自然缺乏控制，而是期望于对自然的控制能够日趋完美。参见薛晓源、刘国良：《法治时代的危险、风险与和谐》，载《马克思主义与现实》2005 年第 3 期。

② 根据贝克的观点，风险迫使每个人必须自己作出决定：什么是可以容忍的，什么是忍无可忍的？这会引发一系列的公共权威、文化定义、公民、议会、政治家、道德、自组织等问题。参见［德］乌尔里希·贝克：《风险社会再思考》，郗卫东译，载《马克思主义与现实》2002 年第 4 期。

③ 所谓“确定性等值”，指投资者在一定时点所获得的无风险的确定收益与在同一时点预期得到的有风险的收益具有相同的效用或满意程度。刘树成主编：《现代经济词典》，江苏人民出版社 2005 年版，第 245 页。

“确定性等值”在社会学上相当于“总社会预期利益”，[①] 投资收益期望值则对应社会学上的“社会利益盈余”，当某行为总的社会预期利益高于其所带来的风险时，便出现了社会利益的盈余，此时社会将允许这种行为的存在，因为这种行为增加了社会利益的绝对值。各类行为的社会利益盈余状态都各有不同，且其在一段时间内相对稳定。国家通过认知的经验或进一步评估，可以得出某类行为是否具有社会利益盈余及盈余的多少，并据此确定对该类行为的态度。例如，我国禁止持有枪支的行为、允许驾驶汽车的行为、鼓励利用绿色能源的行为。因此，在存在社会利益盈余的场合，社会将允许或鼓励这种行为，社会利益盈余越大，社会越是偏爱，故对该行为鼓励的程度也越高，当然，此时社会对该行为必然伴随的风险将持忍受的态度。社会利益盈余的情形可以用图 1 表示：

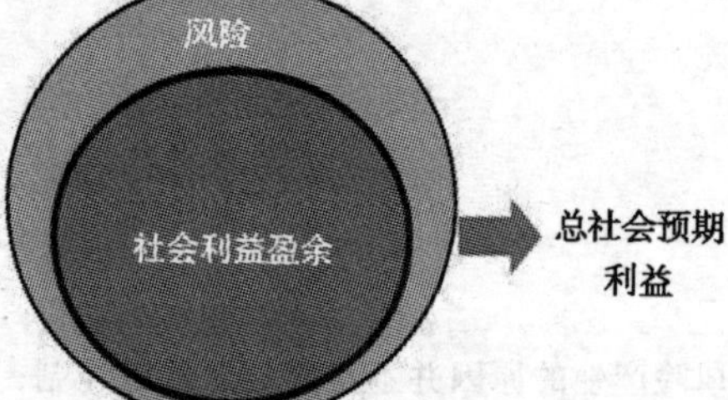

图 1

① 本书所称的“总社会预期利益”指的是行为带来的总体收益减去该行为的成本之后，余下的那部分利益。例如，建造核电站行为的总体收益是其具备的发电量，其成本是核电站的建造成本、运行成本及发电的原材料成本等。至于发电过程中对环境的损害，由于其属于将来的、不可确定的可能损害，应属风险之列。

在社会利益盈余的情况下，社会将鼓励这类行为，且允许这类行为带来的风险。从法学角度来看，既然社会允许该行为带来的风险，即允许该行为可能对社会造成的损害，该类风险也就称为"被允许的风险"，其虽有造成损害的可能，但仍应评价为合法的行为，当然不能进入刑法的视野。需再次提醒的是，该行为必须是能为社会带来预期利益的行为，如果行为单纯存在社会风险，如买枪准备杀人的行为，就不可能有社会利益的盈余，也当然不会为社会所允许。故刑法中的危险需要再根据其是否被社会所允许进一步限缩，基于此，为社会能带来利益的行为中，"危险"的概念应限定在"行为超出被允许的风险令社会遭受损害的可能"的范围之内。

（三）第三层次的限缩：基于社会利益的盈余

接下来需要追问的是，行为超出被允许的风险是否都成为刑法规制的对象？从上文的界定来看，目前被学界最为认可的第一种对危险驾驶的定义便将对该疑问持肯定态度。然而，刑法虽应担负保护社会利益不受侵害的任务，但其既不是唯一保护社会利益不受侵害的法律，也不是第一序位保护社会利益的法律，在刑法之前，还有行政法发挥决定性的作用。当行为超出被允许的风险从而侵害到社会利益时，首先应该考虑的是行政法的规制。如行为人超标排污时，若超标的程度不大，这时应当予以行政处罚。那么，行为超出被社会允许的风险到什么程度，才可以算作刑法中的"危险"，从而进行刑法的规制。

本书认为，行为超出被社会允许的风险到耗尽社会利益盈余的程度，方能进入刑法的视野。理由如下：

第一，侵犯社会利益盈余且尚未将其耗尽时，刑法应保持绝对的谦抑。如果行为超出被社会允许的风险，从而侵犯到社会利益，更形象地说，其将图1中社会利益盈余的外圈缩小了。但此时社会总体上仍然是受益的，因此该行为不存在社会危害性，刑法不应插手该行为的处理。以驾驶行为为例，符合驾驶要求的驾驶行为虽然为社会带来了交通风险，其风险总量可以根据以往的经验，运用统计的方法予以估算。而其带来的总社会预期利益即交通出行的便利远高于其存在的风险，其差额部分便是存在的社会利益盈余。当驾驶行为不符合驾驶要求时，便增加了驾驶风险，在交通便利的总社会预期利益不变的前提下，社会利益的盈余也随着风险的增大受到压缩。但只要该驾驶行为不规范程度导致的风险尚未超过交通便利的总社会预期利益时，社会利益仍然处于盈余状态，故此时的不规范驾驶行为并不对社会造成损害。

第二，侵犯社会利益盈余且尚未将其耗尽时，只要破坏了社会利益盈余的稳定状态，行政处罚便具备正当性。行为侵犯社会利益盈余但未耗尽时，社会利益仍处于正向的盈余状态，而该行为仍可成为行政法规制对象的原因在于，社会需要保持利益盈余的状态才能向前发展，而行政法的重要任务在于维持社会秩序，以维护社会利益盈余的稳定状态。行政法维护社会利益盈余状态的路径是：先通过前置审查等方式，筛选出有资格从事存在风险但能提供社会利益盈余的行为之人；而后，为分摊社会允许风险成为现实时对个人的伤害，政府会在必要时设置强制保险，如车辆的交通强制保险；最后，为控制风险，在行为人能力范围内，对行为人的行为制定必要的规范，对违反规范从而增大了行为风险的行为人予以处罚，以保证该行为处于稳定的社会利益盈余状态，此时也便形成了稳定的社会秩序。例如，在需要排污的企业管理中，行政机关先对企业的设立进行环境测评及各项审批，确认其具备资格后，再依据国家的排污限额进行管理，若企业进行超标排污，便增加了环境风险，破坏了该类企业生产带来的社会利益盈余的稳定，对其进行行政处罚便具有正当性。

第三，侵犯社会利益盈余至其耗尽后，刑法才享有适用的理由。因不符合行政法规对该类行为的要求增大行为的风险，侵犯社会利益盈余至其耗尽时，社会利益因该行为受到损害，行为具备社会危害性，故成为刑法规制的理由。以驾驶行为为例，可较好理解侵犯社会盈余至其耗尽过程的刑法适用，侵犯社会盈余的前提在于违反了行政法律规范对该类行为之行为方式的要求，行政法中规定了驾驶行为的详细要求，只要行为人驾驶行为的具体方式符合法律规范的要求，该行为存在的风险便被拟定为社会允许的风险，该行为也维护了驾驶行为的社会利益盈余。此时若发生交通事故，由保险进行理赔，不足的由国家及行为各方共同分担，不存在刑事责任的问题。行为人的驾驶行为违反法律规范的程度与风险增加的程度成正比，当驾驶行为违法的程度导致的风险大于社会预期利益时，社会利益盈余即被耗尽。需要注意的是，在个案中，行为人违法的驾驶行为所消耗的社会利益盈余并不是社会整体的驾驶行为为社会创造的利益盈余，而是社会整体盈余按比例分摊到具体个人的那一部分，其能享有的预期利益也应为社会整体分摊到个人的那一部分。也就是说，只要具体行为人违法驾驶行为造成损害他人的风险超过社会整体的预期利益分摊到其个人的那一部分时，社会利益的盈余就应视为被该行为人耗尽。可见，侵犯社会利益盈余至其耗尽后，该行为便存在社会危害，刑法也具备了适用的前提，但这不必然将该行为以刑法规制，是否动用刑法还要判断该行为的具体社会危害程度。

经过第三层次的限缩，刑法中的“危险”应将尚未耗尽社会利益盈余的那部分排除，最终，刑法中的“危险”应表述为：“超出被允许的风险并耗尽社会利益盈余后，行为令社会遭受损害的可能。”

第四节 界定危险驾驶行为的其他几个问题

一、危险驾驶行为是否以交通违法为前提

从上文中学者对危险驾驶行为的定义可以看到，只有主张第二种定义的学者将交通违法作为危险驾驶行为的前提，其他三位学者都未将其作为危险驾驶行为的前提。本书认为，违反交通法律规范应作为认定危险驾驶行为的前提，原因很简单：没有违反交通法律规范的驾驶行为不能认定为刑法中的危险行为。

具体而言，驾驶行为是具有风险的行为，但多数驾驶行为能带来更多的预期社会利益，故得到社会的允许。需要细究的是，能得到社会允许的驾驶行为需具备什么条件，法律规范怎样选择社会允许的驾驶行为。理想的办法是，在行为人的能力范围内，通过规定其驾驶需要遵守的各种规范，使驾驶行为的风险降到最低，以达到最大的社会利益盈余。为固定驾驶行为的最大社会利益盈余，并形成驾驶行为的法律秩序，通过制定法律规范的方式将具体的驾驶行为规范确定下来。只要符合法律规范要求的驾驶行为，就是法律规范确定的风险最低的驾驶行为，这些风险当然也是社会所允许的风险。即使该驾驶行为发生事故，也是风险现实化的正常反应。因此，该符合交通法律规范的驾驶行为并不会减损驾驶行为本身带来的社会利益盈余，更谈不上耗尽该盈余，故其不存在社会危害，不能认定为刑法上的危险。

将违反交通法律规范作为危险驾驶行为的前提，可能有人会

存在这样的担心：若因为交通法律规范的遗漏，导致某些确实有重大风险的驾驶行为不能按交通违法处理，更不能以刑法中的危险驾驶罪进行打击，不会造成严重后果吗？本书认为，这样的担心是多余的。我国的行政法律规范较完善：从立法层级上看，不仅立法机关可以制定法律，国务院和部委还可以制定行政法规和规章；从驾驶行为规范的阶段来看，不仅有驾驶前驾驶资格的规定，也有驾驶时具体要求的规定，还有交通事故责任认定的标准及车辆交通强制保险的规定。可见，我国关于驾驶行为的法律规范存在遗漏的可能性极小。即使某驾驶行为有存在重大风险的可能，也应该尊重法的可预测性，法无规定的不应处罚，且相对于处理驾驶行为的国家机关，行为人仍处于弱势的地位，即使此时驾驶行为可能存在重大风险，也不宜认定为危险驾驶行为，以体现对人权的保障。况且，有权制定交通法律规范的规范层级包括部委规章，其出台的程序并不繁杂，当证明该驾驶行为确实存在重大风险时，可以及时通过部委规章的规定弥补这一遗漏。

有必要说明的是，虽然危险驾驶行为必须以交通违法为前提，但刑事立法中危险驾驶罪不一定需要重申将违反交通法律规范作为构罪前提，因为危险驾驶罪的立法中，往往会明确具体的构成犯罪的危险驾驶行为类型，构罪的危险驾驶行为在刑事立法的过程中即可参照交通法律规范，做到与交通法律规范的协调，故无须再于刑事立法中重申违反交通法律规范的要件。

二、行为人是否须主动陷入低于安全驾驶要求的状态

根据第四种定义，危险驾驶行为的前提之一是“使自己陷入驾驶能力低于安全驾驶要求的状态”，可知其主张低于安全驾驶要求的状态须为行为人主动陷入。但本书认为，被动陷入低于安全

驾驶要求的状态时，也可认定为危险驾驶行为。危险驾驶行为危险的来源并不是行为人低于安全驾驶状态本身，而是行为人低于安全驾驶要求状态却仍然坚持驾驶，是其驾驶行为导致了危险的产生，而行为人单纯处在低于安全驾驶要求的状态并不能成为处罚的依据。比如行为人处于醉酒的状态下，无论其主动酗酒还是被别人灌酒，都不至于危害社会，醉酒是行为人自由权的一部分，不构成违法或犯罪，但如果行为人处于醉酒状态下，仍然坚持驾驶，该驾驶行为才可能导致对社会的危害。因此危险驾驶行为不应要求行为人陷入低于安全驾驶要求的状态必须为主动陷入，只要行为人在低于安全要求的状态下仍然决意坚持驾驶，即使该状态是行为人被动陷入，也无妨危险驾驶行为的认定。

第五节　危险驾驶行为定义的本书立场

下定义即用简短的语句扼要地指出它的内涵，使它同相邻的概念区别开来，[①] 而“属加种差”是给概念下定义最常用的逻辑方法。即先确定被定义项的上位概念即属概念，然后找出该属概念下除被定义项的其他子概念，并指出被定义项与其他子概念的本质差别。[②] “危险驾驶行为”临近的属概念是“违法驾驶行为”，顾名思义，违法驾驶行为即违反交通法律规范的驾驶行为。本书前文中已论证，危险驾驶行为必须以违反交通法律规范为前提，即所有的危险驾驶行为都属于违法驾驶行为。在属项“违法驾驶

① 王聘兴：《怎样下定义》，载《前线》1964 年第 9 期。

② 巨朝军教授指出，“属加种差”的方法中首先需找出与被定义项邻近的属，接着把被定义项反映的这一子类对象与该属中其他子类对象作比较，概括出它们本质属性的差别，即种差。参见巨朝军：《试论给概念下定义及其误区》，载《聊城师范学院学报》（哲学社会科学版）1999 年第 5 期。

行为”下，危险驾驶行为与尚不构成危险的违法驾驶行为的种差即在于是否具有刑法中的“危险”，即超出被允许的风险并耗尽社会利益盈余后，行为令社会遭受损害的可能。

依托“属加种差”的逻辑方法，本书对“危险驾驶行为的定义”如下：违反交通法律规范，超出被允许的风险并耗尽驾驶行为的社会利益盈余后，令社会遭受损害可能的驾驶行为。

需要注意的是，上述定义仅为纯粹从理论上对危险驾驶行为的一般化界定，其对危险驾驶行为进行一般化研究具有重要意义。但这并不意味着应据此推翻我国刑法中规定的危险驾驶行为，我国刑法中规定的危险驾驶行为只是从现实中存在的众多危险驾驶行为中抽取需要进入刑法视野的相关行为。

第二章 危险驾驶行为刑法规制的域外比较

2011年之前，我国刑法对危险驾驶行为的规制很有限，要么依交通肇事罪，对造成严重交通事故的危险驾驶行为施以刑罚，要么在危险驾驶行为对公共安全造成了与放火、决水、爆炸以及投放危险物质相当的危险时，依以危险方法危害公共安全罪（或者过失以危险方法危害公共安全罪）追究行为人的刑事责任，其典型如轰动一时的黎景全以危险方法危害公共安全案以及孙伟铭以危险方法危害公共安全案。如若行为人的危险驾驶行为没有产生构成交通肇事罪所需要的实害结果，抑或对公共安全造成的危险程度相对轻微，就难以追究刑事责任，而只得依据《中华人民共和国道路交通安全法》（以下简称《道交法》）对行为人处以行政处罚，如此便产生刑罚处罚的漏洞。

然而，随着我国经济社会的迅猛发展，机动车数量和驾驶人员数量不断增多，在现代交通工具给人们的社会交往和日常生活带来极大的便利的同时，醉酒驾驶和追逐竞驶造成的交通事故也频见报端，民众对某些危险驾驶行为予以刑法制裁的呼声逐渐高涨，立法机关顺应民意在2011年《刑法修正案八》中增设了危险驾驶罪。其后，又根据维护交通秩序、保障交通安全的实际需要，在《刑法修正案九》中将“从事校车业务或者旅客运输，严重超过额定乘员载客，或者严重超过规定时速行驶的”与“违反危险化学品安全管理规定运输危险化学品，危及公共安全的”两类行为犯罪化，纳入危险驾驶罪的行为类型之中。总体来看，危险驾驶罪设立以来，相应的危险驾驶行为得到较理想的遏制，取得了良好的社会效果，[①]但同时司法实践中碰到的疑难问题也越来越多，亟待解决。

危险驾驶行为在世界范围内被普遍纳入刑法规制，而我国在2011年《刑法修正案八》出台方将醉酒驾驶及追逐竞驶的行为作为刑法规制的危险驾驶行为。对各国家和地区危险驾驶行为的刑法规制进行比较研究，有助于我国吸收各国家和地区的成功经验，更好地发挥刑法在规制危险驾驶行为上的作用。本书选取我国台湾地区、日本[②]、德国的有关立法作为比较对象。

第一节 域外危险驾驶行为刑法规制的沿革

一、我国台湾地区危险驾驶行为刑法规制的沿革

我国台湾地区于1999年3月在“刑法”中增订第185条之三，规定“服用毒品、麻醉药品、酒类或其他相似之物，不能安全驾驶动力交通工具而驾驶者，处一年以下有期徒刑、拘役或三万元以下罚金”。此即不能安全驾驶罪的最早刑法规范，其立法理由为“为维护交通安全，增设服用酒类或其他相类之物过量致意

① 张洋：《醉驾入刑有效果 法治入心显力量》，载《人民日报》2014年10月20日第11版。

② 需要说明的是，日本的刑事立法多采用附属刑法模式，其危险驾驶行为刑法规制的法律依据多出现在该国的《道路交通法》中。

识模糊驾驶交通工具之处罚规定，以防止交通事故”。这在台湾地区，又被学者解读为借助刑罚威慑吓阻危险驾驶行为，保护交通安全。[①] 2007 年 12 月，台湾地区“刑法”第 185 条之三进行首次修正，将罚金数额提高 5 倍，上调到“单处或并处十五万元以下罚金”。鉴于台湾地区不能安全驾驶罪刑度不高，导致民众懈怠，刑法遏制酒后驾驶的效果不明显，2011 年 11 月，第 185 条之三通过了第二次修正，[②] 将本罪的刑度提高为“二年以下有期徒刑、拘役或科或并科二十万元以下罚金”，并增加了本罪结果加重犯的处罚，规定“因而致人于死者，处一年以上七年以下有期徒刑；致重伤者，处六个月以上五年以下有期徒刑”。修正的目的仍是通过加强刑罚的威慑吓阻酒驾行为，维护民众生命、财产安全。

2013 年 6 月，台湾地区“刑法”第 185 条之三迎来了第三次修正，[③] 删去拘役或单处罚金刑的适用，将刑度进一步提高为“处二年以下有期徒刑，得并处二十万台币以下罚金”，并降低醉酒标准，只要酒精浓度达 55mg/100ml 就依本罪处理。同时，将本罪结

① 参见彭美英：《刑法第 185 条之三不能安全驾驶罪之再探讨》，载《月旦法学杂志》2007 年第 5 期。

② 该条又称为“赖文莉条款”，其修正的直接原因为 2011 年 10 月 1 日，我国台湾地区新北市女消防员赖文莉执勤时，被酒驾者撞成重伤截肢，但酒驾肇事者却获交保，引发各界质疑酒驾刑责太轻。参见张丽卿：《交通犯罪之法律规范与实证分析》，载《中原财经法学》2012 年第 6 期。

③ 经 2013 年的修正，我国台湾地区刑法第 185 条之三全文为：“驾驶动力交通工具而有下列情形之一者，处二年以下有期徒刑，得并科二十万元以下罚金：一、吐气所含酒精浓度达每公升零点二五毫克或血液中酒精浓度达百分之零点零五以上。二、有前款以外之其他情事足认服用酒类或其他相类之物，致不能安全驾驶。三、服用毒品、麻醉药品或其他相类之物，致不能安全驾驶。因而致人于死者，处三年以上十年以下有期徒刑；致重伤者，处一年以上七年以下有期徒刑。”

果加重犯的刑度也相应提高。[①]

二、日本危险驾驶行为刑法规制的沿革

日本1933年的《汽车取缔令》始规定带酒气或醉酒驾驶，处拘留或罚金。1947年的道路交通法将其入罪，法定刑为“3个月以下惩役或5千日元以下罚金”。1963年修正《道路交通法》，将其法定刑上限提高两倍。之后历经1967年、1973年、1989年等多次修正，刑度不断提高。[②] 于2000年之前，其对危险驾驶行为的刑法规制均依据道路交通法，对带酒气驾驶处3个月以下惩役或5万日元以下罚金，醉酒驾驶处2年以下惩役或10万日元以下罚金。[③]

然而，日本的交通事故发生量自1977年的40万件左右一直攀升，2000年突破93万件，并且诱发恶性重大交通事故的主要原因在于酒后驾驶和超速驾驶等业务过失，[④] 单纯通过道路交通法的犯罪与业务上过失致死伤罪进行数罪并罚，刑罚上限也仅为7年惩役（2001年《道路交通法》修正后为7年6个月惩役）难以应对如此重大的交通事故。特别是在1999年的东名高速公路醉酒驾驶追

---

① 有关我国台湾地区刑法中第185条之三的沿革，参见我国台湾地区立法院法律系统：http://lis.ly.gov.tw/lgcgi/lglaw?@19:1804289383:f:NO%3DE04536*%20OR%20NO%3DB04536$$11$$$PD%2BNO. 最后访问日期：2016年5月15日。

② 参见陈建源：《酒醉驾驶罪及其科学检测之研究》，台湾东吴大学法律学系2010年硕士论文，第17页。

③ 参见蔡伟杰：《从危险概念论酒后驾车之刑事责任》，台湾台北大学法学系2002年硕士论文，第70页。

④ 参见何斐萍：《论交通犯罪——以2001年日本刑法之相关修正为中心》，台湾台北大学法学系2002年硕士论文，第23页。

尾案件[①]与2000年的小池大桥酒后驾驶案件[②]被媒体广泛宣传报道后，受害人家属对以业务上过失致死伤罪来处理危险驾驶致死伤犯的行为深感不满，在日本掀起了一轮重新对危险驾驶进行立法

---

① 1999年11月，被告人醉酒在东名高速公路上以每小时65公里的高速度驾驶大型货车，由于醉酒而陷入无法准确控制驾驶行为的状态，进而与一辆正因堵车减速慢行的小汽车发生追尾事故，导致小汽车后排座椅上的2名幼儿（分别为3岁和1岁）因无法逃出而被烧死，包括幼儿父母在内的其他5人受伤。该案的一审按照醉酒驾驶罪（当时法定刑为2年以下惩役或10万日元以下罚金）与业务上过失致死伤罪实行数罪并罚，判处被告人4年惩役（检察机关请求判处的刑罚为在处断刑上限7年范围之内的5年惩役），检察官考虑到2名幼儿父母的意向，以量刑不当为由提出抗诉。然而，在二审时，东京高等法院认为，尽管该案属于性质恶劣的重大案件，但被告人将2名幼儿的父亲从燃烧得正旺的车里救出，并已被自己的劳动单位解雇，事后也表现出积极的反省悔悟态度，综合考虑这些要素，一审的量刑不存在裁量过轻的情况，从而驳回检察官的抗诉请求。但是，东京高等法院认为，对于因酒后驾驶造成伤亡事故的情形，应增设相关特别类型的犯罪构成要件，提高其法定刑。参见周舟：《中日道路交通犯罪比较研究》，华东政法大学2015年博士论文，第48～49页。

② 2000年4月，无驾驶证的被告人酒后驾驶未进行安检也未投强保的小汽车，在神奈川县座间市南林间线小池大桥上行驶，因害怕自己的违法驾驶行为被前方执勤的交警发现，遂驾驶车辆呈U形掉头行驶。随后，为摆脱警车的追查，被告人以超过100公里的时速高速驾驶，导致车辆失控冲向人行道，造成正在行走的两名大学生被撞身亡。对此案件，法院基于下述理由，判处被告人5年6个月惩役的实刑，即“在本案中，被告人是在无证、酒后以及车辆未进行安检也未投强保的情况下，在车辆行驶过程中实施鲁莽驾驶行为，最终造成2名行人被撞身亡的令人痛心的重大交通事故。就此而言，被告人的犯罪行为显然没有任何值得同情的余地。此外，被告人对于注意义务的严重违背，与其说是有认识的过失，不如说是与故意直接相关的确定故意。同时，本案主诉检察官也请求对被告人判处现行法上的最高刑。”参见周舟：《中日道路交通犯罪比较研究》，华东政法大学2015年博士论文，第49页。

的运动。日本法务省最终于 2001 年 6 月通过道路交通法改正案，并于同年 11 月通过刑法改正案法律第 138 号，在刑法典第 27 章“伤害罪”中新增订第 208 条之二，新设“危险驾驶至死伤罪”，并配置了较高的法定刑，即危险驾驶四轮以上机动车，致人伤害的，处 15 年以下惩役，致人死亡的，处 1 年以上有期惩役。[①]

2002 年，继续修正道路交通法，将醉酒驾驶的罚则提高为 3 年以下惩役或 50 万日元罚金。[②] 2004 年，刑法改正案法律 156 号第 12 条第 1 项将有期惩役的最高刑期限由 15 年提高到 20 年，因此依照刑法典第 208 条之二“……致人死亡的，处 1 年以上有期惩役”的规定，危险驾驶致死罪的最高刑也由 15 年提高到 20 年。不过在具体司法过程中，作为该罪必备要件的“难于正常驾驶”存在难以举证的困难，以及为逃避饮酒检查，饮酒造成交通事故后行为人往往选择逃逸，以致无法进行调查取证，最终只得以业务上过失致死伤罪（最高刑为 5 年惩役）与违反救护义务罪（最高刑同为 5 年惩役）两罪并罚，在最高刑为 7 年 6 个月惩役的范围

---

① 日本刑法典第 208 条之二的最新规定：受酒精或者药物影响，在难于正常驾驶的状态下，驾驶机动车致人伤害的，处 15 年以下惩役，致人死亡的，处 1 年以上有期惩役。以难以控制的高速度行驶，或者不具有控制行驶的技能而驾驶机动车并致人死伤的，同样依照该条的规定处罚。以妨碍他人或车辆通行为目的，近距离驶至行驶中的其他机动车面前，明显靠近其他通行中的人或者机动车，并且以可能导致重大交通危险的速度驾驶机动车，致人死伤的，依照前款的规定处罚。故意无视红色信号或者与之相当的信号，并且以可能导致重大交通危险的速度驾驶机动车，致人死伤的，同样依照前款的规定处罚。参见［日］山口厚：《刑法各论》，王昭武译，中国人民大学出版社 2011 年版，第 58 页。

② 参见何斐萍：《论交通犯罪——以 2001 年日本刑法之相关修正为中心》，台湾台北大学法学系 2002 年硕士论文，第 24 页。

内裁定刑期，从而出现刑罚的严重不均衡现象，新的修法运动呼之欲出。2007 年，公布新的刑法改正案，一方面，在其刑法典第 28 章“过失伤害罪”的第 211 条业务上过失致死伤罪之后新增第 211 条之二驾驶机动车过失致死伤罪。① 另一方面，扩充原第 208 条之二危险驾驶致死伤罪的行为对象，即将原“四轮以上机动车”修改为“机动车”，从而将两轮摩托车以及电动自行车在内的机动车包含在内。相应地，也再度修正道路交通法，将醉酒驾驶罚则提高到 5 年以下惩役或 100 万日元罚金，并增设了提供车辆、提供酒类、共乘行为的刑事处罚。②

特别值得注意的是，2013 年 12 月日本通过了特别刑法——《驾驶机动车致死伤行为等处罚有关的法律》，即《机动车驾驶致死伤行为处罚法》，并于 2014 年 5 月 20 日正式施行。③ 该法全文引用刑法典 208 条之二“危险驾驶致死伤罪”的有关条文，并将刑法典第 211 条之二的条文内容纳入其中，但将条文对应的“危险驾驶过失致死伤罪”的罪名修改为“过失驾驶致死伤罪”，从而使罪名表述更为规范、准确。同时新增设“准危险驾驶致死伤罪”，规定“受酒精或药物影响，在行驶过程中可能给正常驾驶带来障碍的状态下，驾驶机动车，因该酒精或药物影响陷入难于正常驾驶的状态，致人伤害的，处十二年以下惩役，致人死亡的，

---

① 日本刑法第 211 条之二：因懈怠驾驶机动车所需的必要注意义务，致他人死伤的，处 7 年以下的惩役或禁锢，或者 100 万日元以下罚金。但是致人轻伤的，根据具体情况可以免除处罚。

② 参见陈建源：《酒醉驾驶罪及其科学检测之研究》，台湾东吴大学法律学系 2010 年硕士论文，第 19 页。

③ 《机动车驾驶致死伤行为处罚法》全文载：http：//hourei. hounavi. Jp/hourei/H25/H25HO086. php. 最后访问日期：2016 年 5 月 15 日。

处十五年以上有期惩役。”由此将原刑法典第208条之二危险驾驶致死伤罪中“难以正常驾驶的状态”之定罪标准，降低为“给正常驾驶带来障碍的状态”，相应地将致人死亡的最高刑由20年降低为15年，致人受伤的最高刑由15年降低为12年。此外，该法还新增设为逃避酒精、药物等被发现的行为的处罚措施以及增设无照驾驶的加重处罚规定。[①] 由此，为了遏制不断攀升的交通事故对国民生命、健康所产生的高度危险，日本通过数次刑法改正与道路交通法的修改，完善了对交通犯罪的相关规定，细化了交通犯罪的认定标准，规范了关联犯罪的罪刑关系，最终形成相对完整、健全的罪名体系和合理、均衡的刑罚配置。

三、德国危险驾驶行为刑法规制的沿革

德国至少于从1966年就开始通过刑法规制醉酒驾驶等危险驾驶行为。[②] 德国刑法典第316条规定醉酒或服用其他麻醉物品驾驶可处1年以下徒刑，为吓阻公众，实务上也多宣告自由刑，但1960年至1980年醉酒驾车数量翻了5倍，说明其刑法的吓阻效果并不明显，其主要原因在于酒后开车的驾驶员大都抱有侥幸心理。直到1984年警察加强临检和传媒的推动，醉酒驾驶行为才开始下降，并于1988年大量减少。[③] 德国现行刑法典对危险驾驶行为的

---

① 参见谢佳君：《日本危险驾驶致死伤罪的立法探析——以对我国危险驾驶罪的立法借鉴为视角》，载《刑法论丛》2015年第3卷。

② 参见陈珊珊：《论醉驾型危险驾驶罪的客观构成要件》，载《福建江夏学院学报》2013年第3期。

③ 参见张丽卿：《违反交通规则之刑事处罚研究》，载京师刑事法治网：http://www.criminallawbnu.cn/criminal/Info/showpage.asp?pkID=8330. 最后访问日期：2016年5月15日。

刑法规制较为严厉，其第315条c对仅故意引发具体危险但无实害的危险驾驶行为，处5年以下自由刑或罚金，过失引发的处2年以下自由刑或罚金，若未引发具体危险，但已达到醉酒标准的处1年以下自由刑或罚金。①

比较域外危险驾驶行为刑法规制的沿革可以发现，域外对危险驾驶行为的刑法规制在开始规制的初期刑罚较轻，然后逐渐提高刑度的上限，如我国台湾地区刑法自1999年增订不能安全驾驶罪起，现已就该条进行了三次修正，提高了有期徒刑的上限，并降低了酒精含量的入罪门槛。可以肯定的是，域外危险驾驶行为刑事立法的目的都只有一个，那就是通过刑法的运用来吓阻危险驾驶行为。

第二节 危险驾驶行为种类的比较

危险驾驶行为既包括一般意义上的危险驾驶行为，也包括被纳入刑法规制的危险驾驶行为。需要说明的是，下文中各域外危险驾驶行为种类的比较，仅限于各国家和地区纳入刑法规制的危险驾驶行为。

一、域外危险驾驶行为的种类

我国纳入刑法规制的危险驾驶行为仅适用于陆路交通领域，包括醉酒驾驶、情节恶劣的追逐竞驶、从事校车或者客运业务中严重超载或超速驾驶以及违规运输危险化学品并危及公共安全四

① 参见徐久生、庄敬华译：《德国刑法典》，中国方正出版社2004年版，第155页。

类。根据“两高一部”《关于办理醉酒驾驶机动车刑事案件适用法律若干问题的意见》（以下简称《醉酒驾驶意见》）的规定，醉酒驾驶是指血液酒精含量达到80mg/100ml以上的驾驶行为，我国认定醉酒驾驶在实务上采用绝对标准判断，只要血液酒精浓度超过80mg/100ml即可。我国台湾地区危险驾驶行为不只在陆路交通，还包括水路、空中等交通领域。[①] 其行为种类包括醉酒驾驶和服用酒精类似物致不能安全驾驶。德国危险驾驶行为涵盖了陆路交通和水路、空中交通，且陆路交通的危险驾驶行为单独设计法条进行规制。其危险驾驶的种类包括饮用酒或其他麻醉品驾驶、精神或身体上有缺陷驾驶及严重违反交通规则及疏忽情形的驾驶，除饮酒或其他麻醉品驾驶，其他驾驶行为只有在个案中出现了具体危险的情况才成为刑法规制的对象，类似于我国情节恶劣的追逐竞驶。日本危险驾驶行为包括但不限于带酒气驾驶和醉酒驾驶、严重超速驾驶，且经过2007年日本道路安全法的修正，提供车辆、提供酒类、要求运送或请求同乘的行为被认定为带酒气驾驶和醉酒驾驶的帮助行为，也需受刑罚处罚。

二、行为种类的比较及借鉴

比较域外危险驾驶行为的种类，可得出以下共同点：其一，刑法对危险驾驶行为的规制主要集中在醉酒驾驶，各国家和地区均规定了醉酒驾驶的刑法条文，且司法实务中醉酒驾驶案件也占危险驾驶案件总量的绝大多数。其二，各国家和地区危险驾驶行为不仅适用于陆路交通，也适用于水路和空中交通，如醉酒驾驶

---

① 张丽卿：《论刑法公共危险罪章的新增订》，载《月旦法学杂志》1999年第8期。

的犯罪在各国家和地区普遍适用于各类交通，对我国有重要的借鉴意义。

进入我国刑法规制范围的危险驾驶行为包括醉酒驾驶、情节恶劣的追逐竞驶、从事校车或者客运业务中严重超载或超速驾驶以及违规运输危险化学品并危及公共安全四类，醉酒驾驶是各国家和地区刑法规制危险驾驶行为的重中之重，也是世界普遍的趋势，我国醉驾入刑正符合这一趋势。我国的追逐竞驶主要规制的是“飙车”的危险驾驶行为，其规范内容类似于日本刑法典第208条之二第2款规定的“以妨碍他人或车辆通行为目的，近距离驶至行驶中的其他机动车面前，明显靠近其他通行中的人或机动车，并且以可能导致重大交通危险的速度驾驶机动车”的驾驶行为以及德国严重违反交通规则及疏忽情形的驾驶行为。追逐竞驶不仅是我国民众反映强烈的问题，也威胁到陆路交通安全，其入刑具有合理性。只是多由于其认定需要具体危险的出现，且在实践中司法部门还未能把握好具体危险的认定，造成如今适用较少的局面。另外，《刑法修正案九》新增的“双超”驾驶行为，是指从事校车业务或者旅客运输业务，严重超过额定乘员载客，或者严重超过规定时速行驶。这两类超限驾驶行为都对乘员的生命、健康造成了不容忽视的危险，因而有刑法规制的必要，但在前列域外立法例中有关规定却相对匮乏，只有日本刑法典第208条之二第1款后半段规定的“以难以控制的高速度行驶，或者不具有控制行驶的技能而驾驶机动车并致人死伤的”情形与我国“双超”型危险驾驶行为相类似，但其并未限定为客运业务中，也未包含“严重超过额定乘员载客”的超载型危险驾驶行为。而专门在危害交通安全的犯罪中明确规定违规运输危险化学品并危及公共安全的危险驾驶行为是我国刑法的独创，前列域外刑法典中皆无相似规定。

从域外危险驾驶行为种类的比较来看，理论界主张我国应将疲劳驾驶和毒驾入刑的观点是值得商榷的。

其一，疲劳驾驶目前不宜纳入我国刑法规制，疲劳驾驶的标准难以认定，何种程度的疲劳驾驶达到了需要刑罚处罚的程度，实践中不好把握，极有可能存在处罚漏洞。正如彭文华教授所言："如果某类行为虽然频发且危害严重，但是在运用刑罚加以制裁时，充满不确定或者难以有效查出事实或者获取证据等，导致存在惩罚上的不力与缺漏，乃至于不能有效惩治该类行为，那么，将这样的行为入罪，不但起不到预想的效果，还会严重损害刑法的权威性与公正性，可谓得不偿失。"[①] 更何况，疲劳驾驶行为人的主观恶性较小，运用行政处罚的手段足以应对该类危险驾驶行为，也无怪乎各国家和地区均未将疲劳驾驶作为刑法规制的危险驾驶行为。

其二，服用麻醉药品驾驶即毒驾目前也不宜纳入我国刑法规制。许多学者认为，毒驾的危害程度并不低于醉酒驾驶，应将其一并入刑，我国台湾地区、日本、德国也已将毒驾入刑，但本书认为毒驾入刑在我国尚不具备成熟条件。利用刑法调整某种行为，固然要以行为所具有的严重社会危害性或者法益侵害性为根本标尺，但社会危害性或者法益侵害性不是入罪标准的唯一条件，行为入罪还需要考察"须通过公平且不歧视的执行来处理"以及"通过刑事程序来控制该行为，不会使该程序面临严重的定性或定

---

① 彭文华：《危险驾驶行为入罪的必要性与可行性——以〈刑法修正案（九）〉的相关规定为视角》，载《法学论坛》2015 年第 5 期。

量的负担”等因素。[①] 由于科学研究的缺憾，目前德国等发达国家尚无法直接从毒品或其他麻醉药品吸食者的血液检测中证明吸食者驾驶能力削弱的程度，认定吸食者存在危险驾驶必须辅以具体驾驶能力的测试。[②] 我国也缺乏科学证明毒驾直接影响到驾驶能力的检测手段，实践中难以仅凭行为人吸食毒品或服用麻醉药品认定犯罪并处以刑罚，可供考虑的是，借鉴德国立法将出现具体危险的毒驾行为作为刑法规制的对象，但有关交通领域具体危险犯的研究在我国远未成熟，实践中对追逐竞驶的认定也较为困难，不宜再以毒驾入刑增加司法实践的困扰。只有在相关检测手段和设备得到充分发展，并且对追逐竞驶型危险驾驶罪进行了深入研究以及丰富了具体危险犯的理论，在实务中真正掌握了具体危险犯的认定方法后，毒驾入刑的时机才算成熟。

第三节　仅具危险时刑罚适用的比较

一、域外危险驾驶犯罪的刑罚及其适用

我国危险驾驶罪的法定刑是拘役并处罚金，对于涉嫌危险驾驶罪的犯罪嫌疑人均最终移送至法院。量刑也严格依照刑法规定，

---

① 参见［美］哈伯特·L. 帕克：《刑事制裁的界限》，梁根林等译，法律出版社2008年版，第293~294页。关于行为入罪标准体系，我国学者也提出了与帕克的理论一脉相承的见解。参见张明楷：《论刑法的谦抑性》，载《法商研究》1995年第4期；谢望原：《作为刑罚价值的自由》，载《法学研究》1998年第4期。

② 参见何斐萍：《论交通犯罪——以2001年日本刑法之相关修正为中心》，台北大学法学系2002年硕士论文，第7页。

处1～6月的拘役并处罚金，少数情节轻微的案件判免于刑事处罚。

台湾地区危险驾驶罪的法定刑在1999年增订之初是1年以下徒刑、拘役或3万元新台币以下罚金，经三次提高，现今为2年以下徒刑、拘役、单处或并处20万元新台币以下罚金。其司法实践中，在检察院审查起诉时多运用缓起诉的手段，将罪行较轻的犯罪以缴纳一定金额或提供公益服务来换取检察机关不予起诉的处分。据资料显示，2009年我国台湾地区所有的公共危险罪中，57%的案件均适用缓起诉，从侧面反映了我国台湾地区醉酒驾驶案件缓起诉率的适用较高。①

德国危险驾驶罪的法定刑区分了具体危险、抽象危险和故意、过失，依德国刑法典第315条c及第316条的规定，危险驾驶行为故意造成具体危险，处5年以下自由刑或罚金；过失造成具体危险，处2年以下自由刑或罚金；故意或过失饮酒、其他麻醉品驾驶，尚未造成具体危险的，处1年以下自由刑或罚金。司法实践中，德国的危险驾驶行为多按第316条的规定，以过失的危险犯定罪和处刑。②

日本危险驾驶罪的法定刑较高，依其现行道路安全法规定，带酒气驾驶的处3年以下惩役或50万日元罚金、醉酒驾驶处5年以下惩役或100万日元罚金，比2000年的3个月以下惩役或3万日元罚金、2年以下惩役或10万日元罚金提高了近十倍。另外，根据2007年新增订的条款，提供车辆、提供酒类、要求运送或请求同乘的帮助行为也要各处2～5年以下拘役或30万～100万日元

① 参见张丽卿：《交通犯罪之法律规范与实证分析》，载《中原财经法学》2012年第6期。

② 参见许泽天：《酒驾、肇事与弃逃的刑法三部曲》，载《月旦法学杂志》2011年第6期。

以下罚金不等。[1] 在司法实践中，日本的危险驾驶案件多以缓起诉结案，少数按简易程序起诉，宣告3年以上惩役的相当少。[2] 在犯罪人惩役刑的执行上，考虑到多数交通犯罪人是健全的社会人，在刑事设施当中的处遇可以和一般犯罪人不同，而且也必须不同，日本设计了集中拘禁、开放处遇的“集中拘禁处遇”制度，该制度现无统一的法定含义，通常就是将同样性质的对象集中关押在特定的设施当中。对于已经达到一定标准、因为交通事故而被判处监禁的服刑人，集中关押，以在开放处遇中提高自己的责任涵养，同时进行以安全教育为中心的处遇。与一般服刑人的再犯率相比，适用集中拘禁初遇的交通犯罪服刑人员刑满后的再犯率相当低，该制度预防再犯效果明显。[3]

二、刑罚与适用的比较及借鉴

从域外危险驾驶行为刑法规范的比较来看，其危险驾驶罪的刑罚与适用有以下特点：其一，刑度均为由轻变重，例如，日本自2000年以来，危险驾驶犯罪的刑度提高了近十倍，我国台湾地区自1999年以来，刑度也提高了数倍。其二，各国家和地区危险驾驶罪量刑时都有较大的司法裁量幅度，且有好几档刑罚可供选择，而进入审判程序前，缓起诉结案的现象也很普遍。其三，各

---

① 参见陈建源：《酒醉驾驶罪及其科学检测之研究》，台湾东吴大学法律学系2010年硕士论文，第18~20页。

② 据资料显示，2001年日本交通犯罪中87.8%缓起诉，仅12%诉至法院。参见何斐萍：《论交通犯罪——以2001年日本刑法之相关修正为中心》，台湾台北大学法学系2002年硕士论文，第54页。

③ 参见［日］大谷实：《刑事政策学》，黎宏译，中国人民大学出版社2009年版，第402页及以下。

国家和地区的司法实践均存在刑重罚轻的现象，虽然立法上其危险驾驶罪的刑罚上限非常高，但司法上大多数的案件还是处以较轻的刑罚或以缓起诉结案。例如日本醉酒驾驶的最高刑虽为5年，但多数都以缓起诉结案，少数处以轻刑，处重刑的危险驾驶案极为罕见。规定较高的刑罚上限充分发挥了刑法遏制危险驾驶行为的一般预防功能，而实践中多处较轻的刑罚或不追诉体现了其对行为人个体正义的保障。

相比之下，我国规制危险驾驶行为的刑法条文仅规定拘役并处罚金，刑罚种类相对单一，量刑幅度相对偏小。长远看来，随着司法追诉及审判经验的丰富，在对危险驾驶行为方式进行修正的基础上，宜逐步提高本罪刑罚的上限，并出台危险驾驶罪量刑规范指导，充分利用不起诉制度分流社会危险程度轻微的危险驾驶案件。

第四节 造成实害时刑罚适用的比较

一、域外危险驾驶行为造成实害时的刑罚适用

我国《刑法》第133条之一第3款规定，危险驾驶同时构成其他犯罪的，依处罚较重的规定定罪处罚。依该条规定，如果危险驾驶行为造成重大交通事故，应按第133条交通肇事罪处理，参考该刑法条文，只要行为人无逃逸情节，其法定刑为3年以下有期徒刑或拘役。在极其特殊的场合中，如果危险驾驶行为具备与放火、决水、爆炸或投放危险物质对公共安全造成程度相当的危险，应按照《刑法》第144条以危险方法危害公共安全罪处理，法定刑为3年以上10年以下有期徒刑。当危险驾驶行为所具有的前述

危险现实化为客观损害后果，“致人重伤、死亡或者使公私财产遭受重大损失的”，依照《刑法》第115条第1款，应处10年以上有期徒刑、无期徒刑或者死刑。如果行为人主观上对严重危害公共安全后果的产生仅持过失，依照《刑法》第115条第2款，则可处3年以上7年以下有期徒刑，情节较轻的，处3年以下有期徒刑或者拘役。此外，因行为构成危险驾驶罪而被科处刑罚的，人民法院可以根据犯罪情况和预防再犯罪的需要，依照刑法第37条之一，禁止其自刑罚执行完毕之日或者假释之日起一定期限内驾驶机动车。

台湾地区于2013年修正“刑法”第185条之三，增加了危险驾驶行为结果加重犯的规定：致人于死者，处3年以上10年以下有期徒刑；致重伤者，处1年以上7年以下有期徒刑。日本也于2001年新设刑法典第208条之二，增加了结果加重犯的规定：致人死亡的处1年以上有期惩役，致伤的处15年以下惩役。这虽然比修法之前业务上过失致人死伤罪5年法定最高刑有了大幅度的提升，但2004年刑法改正案法律156号仍又将危险驾驶致死罪的法定最高刑由15年提高到20年。德国虽未规定结果加重犯，但其危险驾驶行为造成实害的按刑法典第315条c危险驾驶罪和第222条过失致人死亡罪或第229条过失伤害罪数罪并罚，其实际最高刑度也可达到8~10年自由刑。①

---

① 德国刑法典第222条过失致人死亡罪的法定刑为5年以下自由刑或罚金，第229条过失伤害罪的法定刑为3年以下自由刑或罚金。参见徐久生、庄敬华译：《德国刑法典》，中国方正出版社2004年版，第110页、第113页。

二、造成实害时刑罚适用的比较及借鉴

从域外危险驾驶行为造成实害的刑罚处罚来看，其法定刑普遍高于其刑法中普通的过失致人死亡或过失致人重伤，其基本原因在于危险驾驶行为被认为是造成重大死伤事故的高度危险行为类型。① 而我国危险驾驶行为造成实害后却主要按照交通肇事罪认定，是值得商榷的。交通肇事罪是交通过失犯罪，由于交通行为多包含被允许的风险，因此造成实害时社会也应为其分担一部分责任，故交通过失行为致死伤的处刑低于一般过失行为。但是，危险驾驶并不是一般的交通过失行为，其属于高度危险的交通行为，其危险程度已远远超过了驾驶行为带来的社会利益，危险驾驶者违反注意义务的程度当然高于一般交通过失行为人，行为人实施危险驾驶行为应受处罚甚至刑罚而许多一般交通过失行为并不会受到处罚，便是很好的例子。同理，因危险驾驶造成实害的刑法处罚当然要重于一般交通过失行为造成实害的交通肇事罪，且应高于一般过失致人死伤的犯罪。于此观之，我国《刑法》第133条之一第3款的规定，即危险驾驶造成实害径以处罚更重的犯罪定罪和处罚是有问题的，危险驾驶行为造成实害的刑度亟待提高，可以考虑将第133条之一第3款直接以结果加重犯的模式规定危险驾驶致死伤的法定刑。

---

① 参见［日］山口厚：《刑法各论》，王昭武译，中国人民大学出版社2011年版，第57页。

第五节 域外比较的启示：一般预防与个别正义的协调

分析域外刑法规制危险驾驶行为的成功经验，可大致推断出遏制危险驾驶行为特别是醉酒驾驶行为的根本途径在于通过刑罚的威慑和舆论的传播，让公众形成“开车绝不喝酒，喝酒绝不开车”的思想观念。培养该思想观念的过程其实也是一般预防及个别正义不断权衡与协调的过程，最终形成刑法一般预防功能充分发挥及个别正义有效保障的局面，在此局面下推动公众“开车绝不喝酒，喝酒绝不开车”的思想观念逐步深化，并逐渐控制危险驾驶对公共交通安全的威胁。

在危险驾驶行为的刑法规制上，个别正义与刑法的一般预防是一对不同的概念，一般预防的追求是社会利益的实现，其借助刑法的威慑维持某一社会秩序，具体到危险驾驶行为的刑法规制上，其追求的是降低交通事故的发生率，保障公民的生命财产安全。个别正义的追求是个人权利和自由的保障，其往往制约着刑法一般预防功能的发挥。需要注意的是，一般预防及个别正义的协调不能一蹴而就。刑罚一般预防功能的发挥途径通常有二：其一，“经由刑法规定的明示与刑事司法的追诉、审判及执行，所造成对社会大众的威吓性，而以此达成制止与预防犯罪的目的”①。也就是说，刑罚通过向社会大众展示剥夺其享有之权利的严重性，威慑、儆戒与吓阻国民不得违反刑法规范，否则将不可避免地遭受严重制裁的不利后果，使之不敢以身试法，进而达到预防犯罪

① 林山田：《刑法通论·下册》（增订十版），北京大学出版社2012年版，第288页。

的效果。其二，借由刑法的明确规定和刑罚的充分执行，向社会大众宣示刑法规范所具有的实际效力，从而培养和巩固国民忠诚于法规范的法意识，树立法律权威，赢取国民对刑法以及刑事司法的认同与信赖，使国民不愿意违反刑法规范。比较刑罚一般预防功能发挥的两种途径，不难发现，途径二相对烦琐、耗时较长且难以保障具有切实的效果，是一种需要长期不懈追求才能取得实效的方式，而途径一则相对简便，往往只需要形成并强化刑罚所具有的威慑力，加大惩罚力度，以重刑处罚该犯罪行为即可，因此得到决策者的青睐。然而，若首次立法便规定过高的法定刑，司法实践中由于缺乏审判经验，对其定罪量刑难以精细，易造成量刑畸重畸轻的现象，损害个别正义，另外，由于立法之初，公众尚未形成该法规范的意识，若处刑过重将远超公众对法的预测，也难以接受该裁判。可见，过度追求一般预防效果，会相应损害个别正义，导致严重侵犯人权，并不足取。刑法一般预防功能实现的过程中必须协调好其与个别正义的关系，一般预防只有随着个别正义保障程度的提高逐步强化。

比较域外经验可推断实现刑法一般预防效果即培养“开车绝不喝酒，喝酒绝不开车”思想观念的具体路径：第一步，制定稍轻的刑法罚则，此时要克制一般预防效果的过度侧重，通过舆论的宣传和时间的累积，让公众感觉到刑法的威慑，逐渐形成守法意识。同时，要着力研究如何保障个别正义，寻求刑法运用的精确化：一方面，在大量案例审判的基础上，细化裁量标准，如认定刑法规制危险驾驶行为的裁量标准和各种犯罪情形下量刑的裁量指导；另一方面，总结出各类社会危害轻微的情节，并研究具备该类情节的犯罪行为不起诉及免于刑事处罚的运用。第一步的目的在于更为精确地实现刑法运用。通过司法审判经验的积累，能总结出一般化的指导意见，区分出哪些情节应处罚更重，哪些情节处罚更轻甚至不处罚。当上述条件成熟时，便可进行修法，进入第二步的培养，即在有能力保障个别正义的基础上，提高刑度，扩大司法裁量权，强化刑法对危险驾驶行为的威慑。在第一步的基础上，扩大司法裁量权的同时能以轻重有别的刑罚幅度处罚不同危害性的危险驾驶行为，当轻则轻，当重则重。故此时提高刑度并扩大司法裁量权以强化一般预防效果的时机成熟，并不会损害个别正义。需要指出的是，当危险驾驶行为的刑法规制长期处于第一步的阶段，处刑过轻且灵活性有限时，民众容易产生懈怠，因此进入第二步的时间与第一步的间隔不能太长。上述培养“开车绝不喝酒，喝酒绝不开车”思想观念路径的过程同样可以用在其他一些新的刑事违法领域，如环境犯罪、网络犯罪等。

我国刑法规制危险驾驶行为，培养民众“开车绝不喝酒，喝酒绝不开车”思想观念的过程中，为追求一般预防的效果并保障个别正义的实现，要格外注重以下问题：第一，加强警察临检，破除民众的侥幸心理，同时需尽快制订嫌疑人逃避临检的处罚办法，在将嫌疑车辆行驶状态的现场录像作为证据的基础上，直接将其推定为醉酒驾驶等违反刑法的危险驾驶行为。第二，推进媒体宣传，多发布危险驾驶的典型案例，强化公众忠诚于法律规范的法意识，并让刑法的威慑现实化。第三，细化危险驾驶行为的认定标准，包括醉酒的绝对标准及相对标准，结合科学检测手段研究毒驾的标准。第四，从实践判例中总结出一些情节轻微的情形，研究对其酌定不起诉等不起诉制度的适用。并对该类案件完善监督，向社会公开不起诉的案件，严防权力寻租。第五，完善执行制度，为避免短期自由刑的弊端，缓解监狱的压力，可探索社区处遇或者类似日本的集中拘禁处遇制度。

第三章　危险驾驶罪的理论基础：危险犯的立法价值

我国《刑法》第133条之一规定危险驾驶罪的构成不需要实害结果发生，之所以如此，关键在于我国危险驾驶罪中的四类具体行为即竞驶型危险驾驶罪、醉酒型危险驾驶罪、“双超”型危险驾驶罪以及危化型危险驾驶罪都属于危险犯的范畴。从危险犯的基础理论来看，危险犯的构成即不需实害结果发生。

第一节　刑法中的危险：具体危险与抽象危险

如前既述，现代社会中，所谓“危险”，是超出被允许的风险并耗尽社会利益盈余后，行为令社会遭受损害的可能。以上本书提出的危险概念虽然对刑法理论的研究有所帮助，但仍不属于刑法的专属概念。防范危险或者说控制风险的办法有很多，可以通过法律手段，也可以通过社会等手段，即加强教育和指引，充分宣传。具体到通过法律手段来防范危险，还包括通过行政法制定行为规范和行政处罚办法，到最后的阶段，才是通过刑法来防范危险。通过刑法来防范的危险，当然不是所有危险，必须是经过立法者挑选出来的最需要法律保护直到刑法保护的危险，这部分专门挑选出来由刑法保护的危险便包括具体危险及抽象危险。

一、“具体危险”的概念

关于具体危险的概念，我国台湾地区有学者认为，“具体危险，指一般人具体（实际）感受到危险之存在（即现实之危险）。”① 值得研究的是，这里所指的一般人到底是一般意义上的抽象的人，还是具体的个人，是规范的判断还是个案的判断。再者，其指出具体危险即“现实”的危险，但现实到底应该是已经存在的现实还是尚未发生的现实。其使用“现实”的意图是指让人感觉就发生在身边，但这里的“现实”是实然状态还是可能状态并不明确。当然，危险是尚未发生实害之前的状态，在实害尚未发生时，以“现实”来表示不够精确。有德国学者认为，“要判断具体危险，必须引入一种危及的情形，须强烈损害了一个人的安全以至于这种法益是否损害取决于偶然事件。”② 这也得到金德霍伊泽尔教授的支持，他指出：“如果发生了某种事态，而同时，在熟悉相应情况的人看来，只有纯粹出于偶然的原因，相应的实害才不会发生，那么这时，我们就可以认为，相应的行为客体遭遇了具体的危险。”③ 这类见解强调了必须具有危险对象出现在危险的范围内，为具体危险的判断提高了精确性。还有德国学者指出，“某个具体危险”是指可能性上距离具体对象之侵害的存在已不

---

① 陈子平：《论醉酒驾车罪（不能安全驾驶罪）的争议问题》，载《中外法学》2012 年第 4 期。

② ［德］克劳斯·罗克辛：《德国刑法学总论》（第 1 卷），王世洲译，法律出版社 2005 年版，第 276 页。

③ ［德］乌尔斯·金德霍伊泽尔：《刑法总论教科书》（第六版），蔡桂生译，北京大学出版社 2015 年版，第 67 页。

远，且其潜在危险性外化为一个危急的情势，[①] 或者“根据现有的具体情况，产生损害被视为极有可能，产生此等损害的可能性近在咫尺。”[②] 可见，学界对具体危险的定义在一些重要的方面是达成一致的，即具体危险是尚未发生但紧迫的危险。

本书认为，具体危险是指：个案中某行为对法益造成实害的密切可能性。其需从以下方面进行理解：

第一，具体危险必须出现在个案中。具体危险不可能常态化地出现，因为在抽象判断中，只要结果未发生，抽象上就不可能穷尽所有的行为情状，因此也无法得出某行为具有导致实害的密切可能性的结论。而在个案中，根据当时的情况来判断具体危险的情形是否发生是可能的。比如，某人准备放火烧毁仇人的房屋，但火刚点燃，天空突降暴雨，致火被浇灭。在该个案中，才能说此时具体危险已经形成，而若没有个案的指引，无论行为人醉酒驾驶车辆的行为如何，都不可能断定该行为就必然达到具体危险。

第二，必须尚未对法益造成实害，若已经造成实害，则应按照实害犯认定。但上述的“实害”并不指任何发生的实际损害，必须是被该具体危险行为所威胁且为刑法分则条文所直接保护的法益发生一定程度的实害，如人的死亡或重大财物的毁损。如果仅仅是在驾车过程中造成行人的轻微擦伤，则不能认定为造成实害。

第三，行为需与实害的发生存在密切可能性。这里的“密切可能”，并不是以概率来计算的，因为“同许多法律概念一样，

---

① 参见［德］约克·艾斯勒：《抽象危险犯的基础和边界》，蔡桂生译，载《刑法论丛》第14卷。

② ［德］汉斯·海因里希·耶塞克、托马斯·魏根特：《德国刑法教科书·总论》，徐久生译，中国法制出版社2001年版，第322页。

‘危险’并非一个精确的术语，它使法益受到威胁的紧急程度或使法益现实化的概率大小，都无法用百分比来计算。”[①] 该“密切可能”，指的是不发生实害是出于偶然，当具体对象已经处于具体危险的境地时，如果按照个案中当前行为一直发展下去，实害的发生当属必然。比如，某人在公路上醉酒驾驶，前方有行人，但驾驶员因为酒精的影响，没有看清楚前方的行人，其机动车继续朝该行人撞去，在不到 10 米的时候，行人碰巧为运动员，其感觉后面的车辆好像快撞到自己，以敏捷的身手躲过了这一劫难。在这里，如果行人不是身手敏捷，就无法躲开该车的撞击。驾驶中的具体危险可以根据该车的行驶速度及与行人的距离综合判断，当行驶速度和距离达到一定程度时，能避开该车只是出于偶然，这时便可认定具体危险已经产生。

二、“具体危险”的判断

具体危险出现在个案中，故需要在个案中进行有针对性的判断。罗克辛教授通过德国的司法实践总结出具体危险需要具备的两个条件：其一，必须出现一个行为对象，且该行为对象处于危险的范围内；第二，根据当时的具体情状，在经验的范围内判断，实害的结果将不可避免地发生，只是由于偶然而没有发生。[②] 如某车在曲折的山路上行驶，在拐弯时看不到对面车辆的情况下，占用反向车辆的道路超车。反向车道在拐弯处若正好来车，两车将不可避免地相撞。这时候，如果实际中反向车道驶过车，但反向

① 李冠煜：《再论危险驾驶罪的客观方面——超前立法观、实质解释论、类型思维法之运用》，载《北方法学》2014 年第 6 期。

② ［德］克劳斯·罗克辛：《德国刑法学总论》（第 1 卷），王世洲译，法律出版社 2005 年版，第 276 页。

车道的车主技术好，紧急转动方向盘从而避免了两车相撞的实害发生，此时可认定为具体危险已经产生；如果反向车道正好没有车辆驶过，那便缺少了危险的行为对象，因为没有行为处在这个危险状况下，故不算具体危险。

判断是否存在具体危险还需要遵守一定的步骤。判断具体危险需要经历两步：第一步，一般判断即正面判断，根据一般人的社会经验，从当时的行为情状来看，该具体危险已经形成；第二步，否定判断即反面判断。否定判断是根据专业的标准，从当时的行为情状判断来看，是否具体危险并不会发生，若不会发生，该危险仍然不算具体危险。如行为人在驾驶运石车的过程中，掉落了一块大石头，其将大石头推至不远处较低的泥土路面后，认为这样应该不至于对交通安全造成危害，径行离去，而以社会通常的经验判断石头的尺寸足以让小轿车倾覆。当一辆小轿车驶来，大石头却被车子压到泥土中，从而没有造成倾覆的实害。如果仅从第一步判断，认定该行为的具体危险可能性很高，但若再经第二步专业判断得出阶段，经专家鉴定，该泥土路面的土质十分稀软，重物在上面受到较小压力便能陷入其中，这时，小轿车压上去之后没有发生倾覆的实害便不能认为出于偶然，故排除第一步的正面判断。需要说明的是，这两步的判断并不是并列的，而是有相应的位阶次序，第一步判断必须在前，如果第一步判断，即根据社会一般经验便否认了具体危险的存在，就没有必要再进行第二步判断，这既是出于此种安排能节约司法资源的缘故，也顾及造成危险者主观在此种情状中可责性的降低。

三、“抽象危险”概念的重大误读及匡正

刑法中的抽象危险有其特殊的含义，但长期以来，有许多学

者都持“遥远的危险”说，该说对抽象危险概念存在误读。例如，有学者认为，抽象危险“是一般人抽象感觉到有危险发生之可能”。[①] 有德国学者认为，抽象危险为惹起具体危险的盖然性，是“行为人侵害了对法益的（无忧虑地）自由支配所必要的安全条件”，而“安全本身并不是什么法益，它只是一种状态。在这种状态下，规范所保护的法益所要免于遭受的，仅仅是该法益的相应交往圈中一般的社会相当的危险，而并非什么特定的危险”。[②] 以上学者对抽象危险犯的理解，都有一个共同点，认为其属于遥远的危险，即抽象危险为危险性不如具体危险高的危险。本书在前文中已经提到，危险属于超出社会利益盈余的对社会侵害的可能性，若将抽象危险定义为危险发生的可能，将碰到一个棘手的问题：危险本来就是一种可能状态，“可能的可能”如何界定？以“遥远的危险”说无法确定抽象危险的具体内涵，缺乏可操作性，由此可能带来泛刑化的后果，而该说界定的“遥远的危险”也使抽象危险成为一个危险的概念。其实在个案的判断中，现实危险及具体危险之外，并不存在抽象危险存在的空间，遥远的危险与一般意义上的危险体现不出明显的差别，既然有危险概念的存在，为表达程度不如具体危险的含义，便不需再生造出“抽象危险”的概念。在刑法上，对现实危险行为的处罚也不是不可能的，其可以从预备犯着手，只要刑法所保护的法益足够重大，某些有现实危险的预备行为也能成为刑法处罚的对象。

本书更赞成“拟制的危险”说，该说基本内涵是“抽象危险

---

① 陈子平：《论醉酒驾车罪（不能安全驾驶罪）的争议问题》，载《中外法学》2012 年第 4 期。

② ［德］乌尔斯·金德霍伊泽尔：《刑法总论教科书》（第六版），蔡桂生译，北京大学出版社 2015 年版，第 67～68 页。

犯所具有的抽象危险乃拟制的危险”[①]，此主张为我国台湾地区的通说，也得到内地周光权教授的支持，“抽象危险犯所要求的危险是立法推定的危险，行为自身包含了侵犯法益的可能性。”[②] 但以上解释还不够具体，有学者指出，“抽象危险是单就某一行为客体本身所蕴含之危险，作抽象的判断，而于该行为具有的干涉公共安全至于何种程度，则不一并计及。”[③] 持论者提出某行为客体的概念，蕴含了该行为是一般化的抽象行为，但其并未指明所蕴含的危险之高低，也未指明该危险的认定对象。

本书认为，抽象危险应为立法者确定的一般情况下某类特定行为方式对法益造成实害的较大可能性。抽象危险的概念需从以下几方面理解：

其一，抽象危险是拟制的危险。抽象危险不是个案中判断的危险，而是通过在大量的实践数据调研的背景下，测算出某类特定的行为具有较大危险性，从而将其拟制为抽象危险，亦即抽象危险是“建立在法律的这个认为之上，即一定的举止方式普遍（generell）在对受保护的客体形成危险（gefährlich）”,[④] 这是抽象危险的本质特征。

其二，拟制抽象危险的有权主体只能是立法者。抽象危险并不需要考虑具体个案中的行为情状，因此不可避免将发生偏差。

---

① 林山田：《刑法通论·下册》（增订十版），北京大学出版社 2012 年版，第 252 页。

② 周光权：《刑法各论》（第二版），中国人民大学出版社 2011 年版，第 166 页。

③ 韩忠谟：《刑法原理》，中国政法大学出版社 2002 年版，第 105 页。

④ ［德］约翰内斯·韦塞尔斯：《德国刑法总论》，李昌珂译，法律出版社 2008 年版，第 14 页。

如何保证这种不够精确的拟制行为作为最严厉的刑法处罚的依据，只有依靠立法者的权威，方能使该拟制的抽象危险具有法律效力，没有经过立法程序的所谓“抽象危险”绝对不能成为刑法规制的对象。在我国立法权完全属于立法机关的权力关系格局下，也只有立法机关享有拟制抽象危险的权力。

其三，该类拟制的风险必须是对某类特定行为方式的拟制。具有抽象危险的行为必须是立法上固定的类型性行为，如果某类行为在构成要件中不是特定的、具体的，其不需要依据任何具体行为情状的判断，更不需要造成任何实害。需要注意的是，这里的“特定行为方式”，其外延可大可小，判断是否为特定行为方式，关键看其在刑法规范中是否还需要辅助具体情状的判断。

其四，造成法益实害的可能性必须较大。这里的较大并不是概率上超过50%，而是必须根据每个行为侵犯法益的不同分别确定。保护的法益越是重大的，构成“较大”标准的概率要求便越低。

四、“抽象危险”的拟制

关于立法中抽象危险的判断，有学者认为，抽象危险判断的方法，基本上应与具体危险情形同样。[①] 但抽象危险并不是遥远的危险，其与具体危险的性质有重大区别：抽象危险的根本特征是一般的拟制危险，具体危险是紧迫的现实危险；抽象危险需在立法过程中判断，具体危险则需要在个案的司法过程中判断。可见，抽象的一般性判断无法细化各种具体的行为情状，其判断方法当

---

① ［日］山口厚：《危险犯研究》，东京大学出版社1982年版，第225页。

然不能与具体危险情形同样。

本书认为，抽象危险的判断需要借助大量的统计，正如宾丁指出的，抽象犯并非由个别行为去观察，而是基于大量的观察，从经验上显示某一行为种类易于造成保护法益的实害。[①] 该大量的观察是将个别行为剖去具体行为情状之后，将所有具备同一属性的行为抽象出来，统计该类行为发生实害的数量及严重后果，并估算出该类行为发生严重后果的概率及危害程度。经调研后，为特定化某类行为的行为方式，还需将拟规定为抽象危险的行为尽量细化，抽出危险性最大的具体行为方式。以酒后驾驶的行为方式观之，我国立法中为规制酒后驾驶，将该类行为中达到足够酒精标准的醉酒驾驶行为作为刑法上的抽象危险行为。行为方式的精细程度涉及行为的性质本身，也涉及立法所固化的行为情状，如我国醉酒驾驶的规定中，醉酒驾驶的行为是酒后驾驶的一种，规定了醉酒的程度便实现了对酒后驾驶行为的细化；而规定“在道路上”，便于立法中加上了行为地点的某一行为情状，也实现了进一步的细化，对某类行为方式越精细，抽象危险便越精确。

五、具体危险与抽象危险的关系

有关具体危险与抽象危险的关系，有一种代表性观点，认为两者的区别就在于危险的远近不同。如有学者认为，“抽象危险为较具体危险较低的危险”；[②] 有学者更加直白，其指出“抽象危险

---

① 参见林东茂：《危险犯的法律性质》，载台湾《台大法律论丛》1994年第1期。

② ［日］山口厚：《危险犯研究》，东京大学出版社1982年版，第225页。

就是具体危险的危险”。[①] 然而，将抽象危险与具体危险就危险的远近进行区分是不当的，抽象危险与具体危险并不是同一个层次上存在的问题，区分抽象危险与具体危险的危险性远近没有意义。从表面上看，具体危险是离实害最近的危险，当然任何危险形式都没有具体危险近，但抽象危险被刑法规制并不是因为其危险的远近。

具体危险与抽象危险虽然都是从危险衍生出来的概念，都与危险有关，但两者互不隶属，具有以下几个重要的区别：其一，有权判断主体不同。具体危险的有权判断主体是法官，抽象危险的有权判断者是立法者。在司法中，抽象危险所起的作用是法律推定的作用，法官只要判断立法者所规定的抽象危险犯的特定行为方式即可，不需判断是否存在抽象危险，亦即“行为的危险性不是（nicht）构成要件标志，而只是法律规定的存在理由，法官对此通常不必去审查危险性在个案中是否已经出现或者并未确实出现。”[②] 其二，适用范围不同。具体危险仅在个案中适用，需要在个案中单独判断是否具有具体危险；抽象危险可以在某类案件中适用，只要该类案件中的行为符合抽象危险的特定行为方式，即推定该行为具有抽象危险。其三，产生背景不同。具体危险在传统刑法中，早就产生；而抽象危险是随着上世纪科技的迅速发展导致社会风险增高、变得更严重，因此而产生的新兴的概念。第四，具备的功能不同。具体危险进入刑法的视野，全因该行为造成了危险，导致了实害的迫切性，其属于个案中判断；而抽象

① 陈子平：《论醉酒驾车罪（不能安全驾驶罪）的争议问题》，载《中外法学》2012 年第 4 期。

② ［德］约翰内斯·韦塞尔斯：《德国刑法总论》，李昌珂译，法律出版社 2008 年版，第 14 页。

危险之所以进入刑法的视野，却因该行为所在的类型化特定行为方式被立法拟定为具有导致实害的较大危险，其属于立法中判断。

第二节 具体危险犯及其立法价值

一、具体危险犯的内涵及可罚性基础

具体危险犯，顾名思义，是将对法益的实害有密切可能性的行为作为犯罪的情形。具体危险犯为各国家和地区普遍承认，承认具体危险犯的主要原因是完善对法益的保护，并不是等到产生实害才对具体危险行为进行处罚。

具体危险犯的立法模式既有总则中以未遂犯普遍立法的，也有分散在分则中具体立法的。其可罚性基础在于该行为造成了刑法所保护的法益的密切危险。理解刑法保护的法益的密切危险，从学界对我国刑法中仅规定“足以”的分则条文是否构成具体危险犯的争议中可以窥知一二。

按通说而言，在罪状的设计上，“具体危险”所对应的构成要件是刑法学理上所称的具体危险犯构成要件，指有“足以使……危险”、“尚未造成严重后果”字样的刑法构成要件。[①] 然而，有学者指出，刑法分则中六个存在“足以”规定的条文，并非是具体危险犯的标志。[②] 如其认为，我国刑法第116条规定的破坏交通工具罪不是具体危险犯，以破坏电车为例，该罪规定，“破坏电

---

① 参见王志祥、敦宁：《危险驾驶罪探析》，载《中国刑事法杂志》2011年第7期。

② 杜文俊、陈洪兵：《质疑“足以”系具体危险犯或危险犯标志之通说》，载《中国刑事法杂志》2012年第2期。

车，足以使电车发生倾覆、毁坏危险，尚未造成严重后果的，处三年以上十年以下有期徒刑”。持该论者举例指出，如果行为人在电车司机下班后的晚上，偷偷卸下该电车的刹车，想造成第二天电车行驶过程中由于没有刹车而倾覆的危险。其认为，本案中虽然电车第二天早上才会运行，但在行为人卸下电车刹车后，该电车便足以倾覆，应认定为本罪既遂，而此时并未造成公共安全的具体危险，故本罪不是具体危险犯。但本书认为，该学者没有正确理解本罪所侵犯的客体，也没有正确理解本罪“足以”的含义。本罪侵犯的客体是公共安全，所谓足以造成倾覆，并非任何情状下的倾覆，而是指在电车运行时的足以倾覆以导致危害公共安全的具体危险，如果电车都还没行驶，怎么能说此时就导致了足以造成公共安全的具体危险呢？如果按该学者的理解，小偷偷掉废弃电车的刹车，是不是也足以导致该电车倾覆，而构成本罪既遂？显然，废弃电车并不可能上路行驶，故其失去刹车也不可能造成危害公共安全的具体危险，不能构成此罪。由此也可看出，刑法所保护法益的密切危险，并不等同于行为对象的某种危险，只有该密切危险危及其所侵犯的客体时才能构成相应的具体危险犯。

二、作为具体危险犯的危险驾驶罪

根据前述对抽象危险和具体危险的界分，在我国刑法所规定的危险驾驶罪中，竞驶型危险驾驶罪与危化型危险驾驶罪均属于具体危险犯，相应的危险驾驶行为是否构成危险驾驶罪需要法官结合案件的实际情况个别、具体判断行为是否足以认定为“情节恶劣”或者“危及公共安全”。具体来说：

竞驶型危险驾驶罪是我国刑法中规定的“追逐竞驶，情节恶劣的”情形。多数学者认为，竞驶型危险驾驶罪属于抽象危险犯。

例如，有学者主张，情节恶劣是对追逐竞驶行为自身危险性程度的要求，而不包括危险的实现等结果，且是否为抽象危险犯或具体危险犯是规范意义上的，并不是事实意义上的。[①] 也有学者指出，从罪状的设计上看，追逐竞驶明显是被社会一般观念认为具有危险的危险驾驶行为类型化之后做出的决定，而且也没有明确要求其足以对某种利益形成现实、具体的危险，另外，在刑罚配置上，立法者还为本罪配置了处拘役，并处罚金，这一刑法中最轻的法定刑。[②]

本书认为，上述学者所指出的竞驶型危险驾驶罪属于抽象危险犯的理由是靠不住的。第一，“情节恶劣”绝不是对追逐竞驶自身危险性程度的要求。所谓“情节恶劣”，需结合案件具体判断，而抽象危险犯的标志便是不需要再结合个案情状进行判断，也就是说，“情节恶劣”这一限定词的出现，就必然导致抽象危险犯的性质不可能存在。第二，司法中必须借助个案判断是否存在“情节恶劣”。本书也赞成抽象危险犯或具体危险犯是规范意义上的，而不是事实上的，但这里，竞驶型醉酒驾驶所要求的“情节恶劣”导致该行为不可能实现特定行为方式的类型化，司法中也就必然需要借助个案的具体情节来判断“情节恶劣”与否，而这样抽象危险犯在该罪上的成立也便成为空谈。虽然在罪状的设计上，竞驶型危险驾驶罪并没有使用“足以……危险”的典型规范，但具体危险犯设置的标志并不必然需明显提示。在具体个案中，任何一个追逐竞驶的行为，若将其认定为追逐竞驶，绝不足以拟定为

---

① 王耀忠：《危险驾驶罪罪过等问题之规范研究》，载《法律科学》（西北政法大学学报）2012 年第 5 期。

② 参见王志祥、敦宁：《危险驾驶罪探析》，载《中国刑事法杂志》2011 年第 7 期。

具有抽象危险，因为仅仅成为“追逐竞驶”尚不足以符合本罪的全部客观构成要件，必须结合个案判定其具有“情节恶劣”的情形，故其不可能为抽象危险犯。第三，在刑罚的配置上，对情节恶劣的追逐竞驶行为施以轻刑不足以否认其具体危险犯的性质。立法者为本罪配置了最轻的法定刑，而且与作为抽象危险犯的醉酒型危险驾驶罪处刑相同。或许有学者会产生疑问：同一个法条中是否可以出现两种危险犯类型，如果可以，显然犯具体危险比犯抽象危险的危害要重很多，这就与实践中不同危险犯类型刑罚配置一模一样的现象相矛盾。应该说，在同一行为类型下，当其出现具体危险和抽象危险两种不同情形时，具体危险的危害性显然更大，而由此其刑罚的配置越高也是没有疑问的。但在本罪中，醉酒型危险驾驶罪和竞驶型危险驾驶罪的危险性不能仅仅从具体危险和抽象危险来判断，而忽略了该行为类型本身危险性的判断。追逐竞驶对法益造成的危险远远不如醉酒驾驶，其与酒后驾驶的危险性类似，醉酒也属于酒后驾驶的一种情节恶劣的情形，只不过其经过了特定化而已，因此没有必要再加上“情节恶劣”的限制。而是否需个案中判断该行为的具体情节，也就决定了有情节恶劣限制的行为为具体危险犯，没有情节恶劣限制的行为为抽象危险犯。

遵循上述理由，也可以认为危化型危险驾驶罪同竞驶型危险驾驶罪一样，属于具体危险犯。危化型危险驾驶罪是《刑法修正案九》新增的危险驾驶行为类型，是指“违反危险化学品安全管理规定运输危险化学品，危及公共安全的”。危化型危险驾驶罪的构成除要求行为人客观上实施了违反危险化学品安全管理规定运输危险化学品的行为外，还特别要求行为人运输危险化学品的行为“危及公共安全”。在这里，“危及公共安全”也不是对行为人运输危险化学品自身危险性程度的要求，而需要法官结合个案情状特别认定。具体来说，由于危险化学品固有的毒害性、腐蚀性、爆炸性、燃烧性或助燃性等危险特性，对危险化学品的运输行为本身相应地也具有客观危险性。为了强化对危险化学品的管理和规范危险化学品的运输，我国制定了一系列规制危险化学品运输、遏制危险化学品的危险性的法律法规和规章，如《危险化学品安全管理条例》、《道交法》、《中华人民共和国安全生产法》、《中华人民共和国道路运输条例》、《道路危险货物运输管理规定》、《剧毒化学品购买和公路运输许可证管理办法》，这些管理规范也明确了违反规定运输危险化学品的具体行为类型和所需接受的行政处罚，从而实现了行为类型化的要求。不可否认，违反这些规定运输危险化学品的类型化行为都具有相当的抽象危险性，但也不应一概纳入危险驾驶罪的打击范围。违规运输危险化学品是否构罪需要结合在危险化学品运输的具体过程中，行为人违规运输行为的具体表现、严重程度、所运输的危险化学品的种类、数量、危险特性等因素，另行、个别、具体判断是否“危及公共安全”，只有在肯定过行为人运输危险化学品不仅违反了相关的管理规范，而且客观上危及多数或者不特定人的生命、健康或重大公私财产安全的，才应肯定行为构成危险驾驶罪。申言之，《刑法修正案九》之所以专门规定“危及公共安全”，就是为了合理限缩违反规定运输危险化学品入刑的范围，防止刑法的触角过分侵入社会生活之中，造成“泛刑化”的局面。如果以危险驾驶罪处罚尚未危及公共安全的违规运输危险化学品，无异于将违反行政法律法规和规章的行为直接评价为违反刑法规定的犯罪行为，这势必架空其他法律规定，属于应当竭力避免的“行政法刑法化”现象。一言以蔽之，危化型危险驾驶罪的成立需要在个案中具体、个别判断行为是否“危及公共安全”，也就决定该种类型的危险驾驶罪的具体危险犯属性。

关于具体危险犯的判断方式，应采取“排除实害犯和抽象危险犯”的方式，将既不属于实害犯又不属于抽象危险犯的犯罪都作为具体危险犯，其理由在于：一方面，实害犯和抽象危险犯都可以明确判断。实害犯是确定的，从法条的表述可以明显看出其是否为实害犯；抽象危险犯也是明确的，只有法条的表述中标明了特定的行为方式，根据该特定行为方式可以脱离个案中的行为情状直接认定为犯罪的，便是抽象危险犯。另一方面，将模糊的法条作为具体危险犯对待，有助于该罪的司法认定。司法实践中对具体危险犯的判断可以制定明确的标准，指导个案具体危险的判断。具体危险离实害仅差一步，以行为人造成具体危险作为其承担责任的法律依据也是充分的，也体现了刑法适用的谨慎。但若将模糊的法条作为抽象危险犯对待，将造成刑法保护前置的法益过多过泛，司法机关直接按照行为方式的类型将该行为入罪，将出现大量罪责不适应的后果，而此时再依赖刑法第 13 条但书出罪，将造成但书的滥用和刑法体系的混乱。解决这个难题的最好途径莫过于明确列出抽象危险犯的类型，将不能特定化行为方式的刑法分则法条一律不作为抽象危险犯对待，以免刑法触角无限延伸，突破罪责原则的底线。

谨以竞驶型危险驾驶罪略作说明。有学者将竞驶型危险驾驶罪构成抽象危险犯的理由表述为：排除了其为实害犯，法条上又没有标明具体危险“足以”的标志词语，该罪便为抽象危险犯。从推定模式上，这种“排除实害犯，再排除具体危险犯”从而得到该罪属于抽象危险犯的结论是缺乏依据的。因为从规范意义上，某罪是否属于抽象危险犯的判断是特定的，只要刑法中仅规定了特定行为方式，没有加任何情节和后果限制，法官只要判断个案中的行为符合犯罪构成就足以认定该罪为抽象危险犯，因此是否属于抽象危险犯根本不需要借助排除的手段。而具体危险犯则不然，具体危险犯的规定模式多种多样，因其需要结合个案情节具体认定。我国刑法第 114 条中“放火、决水等，尚未造成严重后果”虽然没有“足以导致……危险”的规定，但无法否认其属于具体危险犯，原因在于该条中虽不要求实害，但却要求具体判断其离“造成严重后果”仅差一步之遥，故其为具体危险犯。更进一步说，其具有了具体危险犯需要结合个案才能认定满足本罪客观构成要件的根本标志。

采用推定来判断非实害犯的犯罪类型是属于具体危险犯还是抽象危险犯，只能采用“排除实害犯”再“排除抽象危险犯”之后来认定某罪属于具体危险犯的模式。竞驶型危险驾驶罪的犯罪构成没有要求出现实害，当然能排除实害犯。且其“追逐竞驶，情节恶劣的”的情形也不能视作具有特定行为方式的规定，虽其有“追逐竞驶”的行为类型，但该行为类型并未特定化，因为在个案中若出现追逐竞驶的行为，还必须依赖个案的行为情状来具体判断其是否“情节恶劣”，而不得仅依据“追逐竞驶”将某行为定罪。若立法中将“情节恶劣”删除，仅规定“追逐竞驶”的行为，就可以认为该行为已经特定化，将其作为抽象危险犯也不存在疑问，但立法者设立该罪时也是考虑到实践中“追逐竞驶”的行为类型并未达到普遍的较大风险，故不得不用“情节恶劣”来限制。如果确需将“追逐竞驶”的行为特定化，将其作为抽象危险犯处理，就必须再加上某固定的行为情状进行限定，如“在校园内追逐竞驶”。故“追逐竞驶，情节恶劣”的立法规定说明竞驶型危险驾驶罪并不是抽象危险犯。从实践中来看，竞驶型危险驾驶罪之所以入罪率远比醉酒型危险驾驶罪低，并不是该条立法有多大的缺陷，其恰恰说明对追逐竞驶的立法意图是将其作为具体危险犯处理，其认定需结合个案情状，更为严格，且符合具体危险的情形才能构成本罪，因发生具体危险的情形本来就不多，故竞驶型危险驾驶罪的司法适用率低是其具体危险犯属性的当然体现。面对竞驶型危险驾驶罪难以认定的困境，我们所要解决的并不是将其列入抽象危险犯或如何扩大其适用范围，而是在其本身适用范围内明确造成具体危险的司法判断标准，避免该罪虚置。

三、具体危险犯的立法价值

我国刑法中普遍处罚故意犯罪的未遂犯，即对所有故意犯罪造成具体危险的情况原则上都处以刑罚。既然这样，刑法中已有未遂犯的规定，为何还要单独运用具体危险犯的模式来解决具体危险行为的处罚问题呢？

有学者指出，我国具体危险犯的立法方式意在表明实害犯的形式不足以对法益进行周全的保护。① 以刑法第 114 条的立法规定为例，该论者认为，我国将刑法第 114 条“放火、爆炸……危害公共安全，尚未造成严重后果的，处三年以上十年以下有期徒刑”，从第 115 条分离出来既然是为了对法益进行周全的保护，便意味着在必要时应适用总则中关于未遂与中止的规定。换言之，我国具体危险犯的立法价值在于处罚造成具体危险的未遂犯与中止犯的行为。

然而，上述学者指出的具体危险犯立法价值值得怀疑，这从其

① 劳东燕：《以危险方法危害公共安全罪的解释学研究》，载《政治与法律》2013 年第 3 期。

所举案例可以得到证明。某日，行为人甲携带炸药想炸人民英雄纪念碑。情形一：甲尚未走到人民广场，在去广场的出租车上就被举报从而被警察抓获。因存在第114条规定的具体危险犯，其认为应将情形一中甲的行为以第114条具体危险犯的未遂犯来处理，这样能周延仅存在第115条第1款的实害犯时对公共安全的法益的保护。但本书认为，其将情形一中甲的行为按第114条爆炸罪的具体危险犯的未遂处理，达不到所谓周延公共安全法益保护的目的，因为我国也处罚预备犯，完全可以将情形一中甲的行为作为第115条第1款爆炸罪的预备犯处理，比照该罪的既遂从轻、减轻或免除处罚，其与该学者所提办法相比范围更广、法官的选择面更宽。情形二：甲已经走到人民广场，准备引燃炸药时改变主意，放弃了炸人民英雄纪念碑的念头，之后被警方抓获。上述学者认为，情形二中，将甲的行为按第114条爆炸罪的中止，能达到周延公共法益保护的目的。然而，这里存在的重大问题是，具体危险犯不可能存在中止的情形，具体危险既已产生，具体危险犯便告既遂，正如实害犯中的盗窃行为一样，盗窃数额较大财物时，窃得财物便告既遂，之后归还财物的行为并不影响盗窃罪既遂的认定。即便承认具体危险犯能够成立中止，其也没有造成损害，按照我国刑法关于中止犯的规定，第115条和第114条都应免除对该行为的处罚，并无二致。从上述论证中可以看到，认为我国具体危险犯的立法价值在于处罚具体危险犯的未遂犯与中止犯是站不住脚的。那么，我国具体危险犯立法中是否存在从实害犯中独立出来的必要，值得进一步探讨。

本书认为，具体危险犯单独规定当然是为了周延法益的保护，但保护的方式是提高重要法益中行为人的注意义务。具体而言，应是处罚该实害犯间接故意造成的具体危险行为和处罚该实害犯过失犯造成的具体危险行为。一方面，具体危险犯单独立法使处罚过失犯中过失行为造成的具体危险成为可能。我国对过失犯处罚的前提是造成实害，故当过失行为已造成侵害法益的具体危险时，无法入罪。而将过失犯中的过失行为单独成立具体危险犯后，只要该过失行为造成了具体危险，便可以入罪，故而周延了对该过失犯涉及法益的保护。另一方面，具体危险犯单独立法使处罚实害犯间接故意造成的具体危险成为可能。当具体危险犯没有单独立法而以实害犯的未遂进行处罚的立法模式下，我国刑法无法对间接故意实施实害犯构成要件行为造成的具体危险进行处罚，因为按照我国刑法的规定及学界的通说，对间接故意的处罚必须以造成实害为结果，并不处罚间接故意的未遂。而将该实害犯的具体危险行为单独以具体危险犯立法时，便可以巧妙地解决这一难题，因为具体危险犯单独立法的条件下，间接故意的行为尚未造成实害，但已经造成具体危险时，便符合具体危险犯的犯罪构成，可以该罪处理，刑法得以规制间接故意下造成具体危险的行为。仍以第 114 条和第 115 条第 1 款为例，当行为人乙为了灌溉自己的农田，在明知将水库堤坝决水会造成淹没村庄的可能时，仍然放任淹没村庄结果的发生，但在行为人已经装好决水装置时被警察抓获。这种情形下，乙以间接故意实施了决水行为，虽造成具体危险但尚未造成实害，如果按照第 115 条第 1 款的规定，该罪不处罚间接故意的未遂犯，故无法入罪；而将该罪实害犯在第 114 条中单独设立具体危险犯时，便可将乙认定为成立第 114 条的决水的具体危险犯，从而周延了该条对公共安全法益的保护。

第三节　抽象危险犯及其立法价值

一、抽象危险犯的内涵

有学者指出，抽象危险犯是指“由于其本身所包含的对该当法益的严重侵害可能性而被具体构成要件禁止的行为。”[①] 但该定义并未解释抽象危险犯中抽象危险作为立法者拟制危险的危险这一本质属性。还有学者认为，抽象危险犯是指“由于行为本身包含了侵害法益的可能性而被禁止的情形”。[②] 可是，该学者并未指明行为被禁止的情形是基于什么标准，由谁制定的规范标准。

本书认为，抽象危险犯，即立法者经实践调研后将具有较大危险的类型化的特定行为方式拟制为存在抽象危险从而构成的犯罪。这里“类型化的特定行为方式”是经过大量实践调查证明，具有较大危险的行为方式。该类行为方式是特定的，根据个案中的行为本身可以直接判断其是否符合该类行为方式，不需要其他个案的情节予以辅助。“较大的危险”是实践的判断，经过大量有关该特定行为方式的统计，而判断出其发生实害的概率较高，实害结果较重。“拟制为存在抽象危险”是指立法者对该类特定行为方式设置的法律属性，只要具体案件中行为人的行为符合抽象危险犯的特定行为方式时，便触发了法律拟制的抽象危险，不需要再结合个案中证明确有危险存在，即可构成犯罪。抽象危险犯的

---

① 张红艳：《风险社会中公害犯罪之刑法规制》，载《中州学刊》2009年第9期。

② 曲新久：《危险驾驶罪的构成要件及其问题》，载《河北学刊》2012年第1期。

立法模式为“行为本身性质的精细化+具体情状的限制”，其中行为本身性质的精细化是主要且不可或缺的部分。

二、作为抽象危险犯的危险驾驶罪

对于醉酒型危险驾驶罪属于抽象危险犯的性质，学界不存在争议，其根本原因是，具体个案中某行为是否属于醉酒驾驶，并不需要再具体认定其中的行为情状和危险。从醉酒驾驶型危险驾驶罪的立法中，将酒精含量的要求提高到醉酒是对酒后驾驶行为的精细化，而规定“在道路上”便是具体情状的限制，其虽然具备具体情状的限制，但该情状并不需要在司法认定过程中作价值判断，也不存在发挥主观能动性的空间。故某个酒后驾驶的行为是否符合醉酒型危险驾驶罪的犯罪客观方面，只需要确认两点，即该行为在陆路上发生和酒精含量达到了醉酒的标准，醉酒驾驶的标准国家有明确规定，而是否在陆路上可以主要依据《道交法》关于“道路”的规定，再结合司法解释中明确的非《道交法》“道路”但为本罪陆路的情形，可以做到明确、精细化的认定。实践中对醉酒型危险驾驶罪犯罪构成客观方面的判断很少出现疑难的现象也是基于此，只要判断行为人酒精量达到醉酒且行驶在陆路上时，即完全符合本罪客观构成要件，即使偶尔出现认定的难题，也是因为对本罪陆路的范围误解造成的。

与醉酒型危险驾驶罪相同，“双超”型危险驾驶罪也属于抽象危险犯。“双超”型危险驾驶罪，是《刑法修正案九》新增设的危险驾驶行为类型，是指在道路上驾驶机动车，从事校车业务或者旅客运输，严重超过额定乘员载客，或者严重超过规定时速行驶的行为。在此之前，“严重超过额定乘员载客，或者严重超过规定时速行驶”只是《道交法》调整的行为。考虑到现代交通所具有的内在风险，为保障交通的顺利展开和参与交通的人员的生命、健康安全，行政法律法规对从事客运业务的机动车驾驶提出专门要求，而严重超过规定限制的超员超速行驶无疑会升高机动车行驶固有的风险或造成更严重的损害后果。通常来说，超员载客导致车辆超出其载重量，增加行车的不稳定性，还会引发制动失灵、动态侧翻等危险，极易造成群死群伤的重特大道路交通事故，且超员载客往往会加大事故的伤亡后果，而超速行驶则会减弱驾驶人对空间的感知能力和对速度的判断能力，甚至使驾驶人判断失误，还会降低车辆的安全可靠性和行驶稳定性，制动距离加长，碰撞时冲击破坏力更大，极易导致人员伤亡或者重伤。鉴于校车、客车超员或者超速行驶所具有的高度危险性，是引发重大交通事故的"罪魁祸首"，单纯依靠行政处罚难以有效整治"双超"，出于对刑法机能的慎重考虑和对道路交通安全客观现实的积极回应，《刑法修正案九》才将这类行为犯罪化。在个案中，驾驶行为是否属于"双超"型危险驾驶罪，并不需要具体、个别判断其中的行为情状和危险，只要此种行为达到"严重超过额定乘员"或者"严重超过规定时速"的程度即可，至于"严重"的具体标准应由其他法律法规或者司法解释予以明确规定。

三、抽象危险犯的可罚性基础

抽象危险是拟制的危险，符合抽象危险类型化特定行为方式的个案具体行为，并不要求证明是否具备危险就可以成为刑法的理由，其依据何在，换言之，对超脱个案情状的抽象危险犯予以刑罚处罚可罚性基础为何，这是值得研究的问题。

有学者从行为犯的角度入手来证明抽象危险犯的可罚性，认为抽象危险犯是行为犯，行为犯的应受处罚性，是以符合构成要件行为对特定法益的一般危险性为基础的。那么，行为犯如何定义，按学界的通说，行为犯是只要有作为构成要件的行为人的外部态度就够了，不以结果的发生为必要的犯罪。[①]可见，行为犯是与结果犯相对应的范畴，但行为和结果的界定并不明确。当危险犯理论出现之后，行为与结果的界限就不那么明确了，如有德国学者指出，"抽象危险犯是指一种典型的危险的举止行为被作为犯罪而处于刑罚之下，不需要在具体案件中出现一种危害的结果"[②]，该学者所指的"不需出现危害的结果"，到底是不需出现实害，不需出现具体危险，还是不需要出现现实危险？如果承认危险作为一种结果，除非承认抽象危险犯的刑罚处罚不需要个案中产生任何危险的结果，方可根据行为犯的性质来界定抽象危险犯的刑罚可罚性，但这却违背了罪责原则。本书认为，如果承认危险犯的存在，承认实害犯、具体危险犯和抽象危险犯的划分模式，就应该在承认危险犯划分的同时放弃行为犯与结果犯的概念，任何行为受到刑罚处罚，其前提至少要求该行为造成了现实的危险，即造成了法益侵害可能的结果。仅仅是实施单纯的行为，如果不侵犯法益，就没有刑罚的基础，仅仅是侵犯单纯的秩序，如果不侵犯法益，也没有刑罚的基础。

还有观点认为，抽象危险犯的可罚性基础在于其类似具体危险犯的"高度危险性"。例如，有学者指出，"醉酒驾驶行为可罚性是依靠该行为依凭社会经验直接推定的对交通安全法益的危险

---

① 马克昌主编：《比较刑法原理》，武汉大学出版社 2002 年版，第 198 页。

② ［德］克劳斯·罗克辛：《德国刑法学总论》，王世洲译，法律出版社 2005 年版，第 278 页。

的显见可能性。”[①] 再如我国台湾地区有学者指出，“抽象危险犯是由立法者依生活的大量观察，认为某一类型行为对于特定法益带有一般危险性，因此，预定该类型的行为具有高度危险……”[②] 该学者指出了抽象危险犯确立的依据是生活中的大量观察从而判断出的一般危险性，社会中具有“一般危险性”的行为经过立法者的拟制后，就升格为“高度危险性”的行为。但通过立法者的拟制将日常中“一般危险性”的行为升格为“高度危险性”，是否具有合理性。根据该学者的观点，立法者的拟制根据的是社会生活中判断出的“一般危险性”，而仅仅经过拟制后，就认定该行为具有“高度危险性”，这很难令公众信服。首先，立法拟制的根据是日常生活中对该行为的观察和统计，与具体个案中该行为事实上是否造成危险及多大的危险无关。且该立法拟制是不利于行为人的拟制，若根据立法拟制将行为人的行为推定为“高度危险性”，便高于作为其唯一根据的日常生活观察和统计结果的“一般危险性”。其次，立法对行为人的不利推定超出了社会的一般经验，该立法的公正性便难以稳固，也不利于人权保障的要求。再者，若将日常具有“一般危险性”的行为推定为“高度危险性”，那么，行为人只要证明其行为在事实上并没有造成“高度危险性”，立法拟制就可能被推翻，而立法拟制若不将危险性升格，其被推翻的可能性就越小，其存在的基础也便更牢固。本书揣测，该学者之所以牵强地通过立法拟制将“一般危险性”升格为“高度危险性”，原因可能在于其认为“高度危险性”的行为才具备刑

① 魏东：《“危险驾驶”适用解释中的两个问题》，载《江西警察学院学报》2011 年第 9 期。

② 参见林山田：《刑法通论·下册》（增订十版），北京大学出版社 2012 年版，第 126 页。

法的可罚性基础。然而抽象危险行为的可罚性基础并不是与具体危险犯相近的“高度危险性”，其也不能套用行为犯的可罚性依据，那么抽象危险犯的可罚性基础是什么呢?

本书认为，抽象危险犯的可罚性基础如下：其一，抽象危险犯中的拟制危险并非虚无缥缈，其经过了立法机关的证明。立法者经过实际数据的统计及调研，确认了该特定行为方式总体上的较大危险性，对其危险的证明虽无须具体个案中司法机关的证明，但其在刑法法条上抽象危险性的宣示，应视为经过了立法者的证明。其二，抽象危险犯的立法是为了发挥刑罚的积极一般预防功能，防范对其所保护法益的危险。为了刑罚预防功能的发挥，当然要将已经违反刑法的行为通过刑罚现实化。其三，行为人具备主观可责性。抽象危险犯的立法在刑法中宣示了某触发抽象危险的行为的危险性，并宣告了刑法的特殊保护，行为人对其危险行为的违法性认识也已足够，当其实施刑法所禁止的触发抽象危险的相关行为是，其主观上的可责性由此加重。其四，抽象危险犯要受刑罚处罚，是以个案中存在对法益侵害的危险为基础的。抽象危险犯所拟制的危险虽不需要具体证明，但允许个案中以完全不具备法益侵害危险而推翻，这符合罪责原则的必然要求。需要注意的是，对个案中法益侵害危险的推翻并不是司法者的任务，而是行为人的权利，行为人想推翻立法者拟制的抽象危险，就必须提出反证。该行为在个案中“不存在高度危险”或者“存在的危险并不大”并不能成为推翻立法者拟制的危险的理由，其反证的理由只能是该行为在个案中“不存在法益侵害的危险”。

四、抽象危险犯的立法价值

有关抽象危险犯的立法价值，学界较有代表性的理由是：社会面临巨大的风险，许多犯罪行为一旦实施，就会给社会造成巨大的损害，如果造成实际损害才运用刑法，则刑法完全失去了事先预防的功能。[①] 质疑其立法价值的声音主要集中在：社会的风险是否为刑法介入的理由，是否风险越多刑法就应越来越多。其中比较典型的观点是：抽象危险犯与非犯罪化的发展趋势相冲突，违反刑法谦抑原则，违反罪责原则。[②]

本书认为，对于抽象危险犯的质疑，凡此种种，皆难以成立。如前既述，只要允许行为人以“不存在法益侵害的危险”推翻立法中抽象危险的拟制，抽象危险犯便不违反罪责原则，需要进一步为抽象危险犯立法正名的是有关其与非犯罪化趋势的冲突及违反刑法谦抑原则的质疑。一方面，抽象危险犯的刑事立法与所谓“非犯罪化的趋势冲突”的质疑并不成立。非犯罪化并不一定是世界的发展趋势，随着人权保障的注重和法治的完善，刑法的范围并不必然将逐渐限缩。恰恰相反，本书认为犯罪化才是世界发展的趋势，具体而言，现今世界发展趋势的犯罪化同时包括犯罪圈的不断扩大和刑罚的轻缓化。是否纳入犯罪圈在于行为应受处罚的严厉性和国家对其进行刑诉程序保障的司法资源充足性，随着社会的发展，人类的活动领域越来越宽，当然达到应受处罚严厉性的行为会更多更广；而随着法治建设的逐步完善，司法资源会越来越充足，故能得到刑诉程序保障的被处罚行为也将更多，这既是人权也是法治的要求。从以上两方面判断，犯罪圈将不断扩大，犯罪化也应为世界发展的趋势，只不过与此相伴的是刑罚的

---

① 参见黄娜、刘东根：《论危险驾驶罪的理解与适用》，载《中国人民公安大学学报》（社会科学版）2011 年第 3 期。

② 林东茂：《危险犯与经济刑法》，五南图书出版有限公司 1996 年版，第 35 页。

轻缓化和刑罚执行中教育方式的多样化。而且，从我国的实践来看，我国走的也是犯罪化和轻刑化并进的道路，我国历次刑法修正案都增加了罪名的数量，如拒不支付劳动报酬罪，利用影响力受贿罪，进入刑法视野的行为越来越多，且劳动教养刚刚废止，必然要分流到犯罪的领域也更多，故我国犯罪圈是在不断扩大的；从刑罚上讲，我国逐渐缩减适用死刑的罪名，又强调社区矫正措施的运用，对75岁以上的老人和孕妇在量刑上予以特殊照顾，可见刑罚总体上呈现轻缓化的趋势。以抽象危险犯的危险驾驶罪立法实践来看，我国增加危险驾驶罪，扩大了犯罪圈，同时规定很轻的法定刑，在刑罚适用上较为轻缓，体现了犯罪化和轻刑化的趋势。

另一方面，抽象危险犯的刑事立法也不违背刑法谦抑原则。所谓刑法谦抑原则，是指“刑法的发动不应以所有的违法行为为对象，刑罚只有在不得已的情况下才能加以适用的原则”①。在对行为的法律控制中，能由其他部门法规制的，刑法不宜介入，如果其他部门法不足以威慑而需刑法介入的，刑法也应义不容辞。抽象危险犯违背刑法谦抑原则与否，关键要看被拟定为抽象危险的行为若主要由行政法规制能否达到预期效果。以2011年之前我国对醉酒驾驶行为的规制来看，由于尚未进行醉酒驾驶危险犯刑事立法，我国采用的是“行政处罚加过失的实害犯”的模式，对没有产生实害或者具体危险的只能处以行政处罚，被拟制为抽象危险的某些涉及公共安全的行为，往往一旦发生实害都十分严重，仅靠违规行为的行政处罚和过失实害犯的威慑在防范公共危险上

① ［日］川端博：《刑法总论讲义》（第2版），成文堂2006年版，第54页。

仍难胜任，故此类行为由刑法中的抽象危险犯来规制。事实上，以刑法谦抑原则作为反对抽象危险犯刑事立法的情形主要出现在刑法的规范过于提前，将许多行政法可以规制的行为划到刑法的范围。故只需将抽象危险犯的行为限定为行政法难以规制的行为，便不违背刑法谦抑原则，至于如何确定应进入刑事立法以抽象危险犯规制的行为，本书将在后文“抽象危险犯的立法克制”中论及。

可见，对抽象危险犯的批评并没有充分的理由。事实上，抽象危险犯的刑事立法也逐渐为各国家和地区所采用，有德国学者指出抽象危险犯两个“重要”的立法价值，认为抽象危险犯的设立既可将未遂犯中作为上游的预备行为纳入刑法规制，还可以将过失犯引发的危险过失行为纳入刑法规制。[①] 然而，我国的刑法中，对重要侵犯法益的犯罪可以直接处罚预备犯，故抽象危险犯在德国的第一个立法价值在我国没有意义；而我国对过失引发的具体危险的行为都鲜有规定，要再将过失引发危险的行为纳入刑法规制更不可能，故其在德国的第二个立法价值对我国来说也没有意义。那么，抽象危险犯在我国还有什么立法价值？

需要看到，我国的刑法中以实害犯的立法为主，对于现代社会中具有普遍危险的行为，只要不构成具体危险，就不能按照未遂犯处罚，更不用谈尚不构成具体危险的危险行为拟制为抽象危险。然而，这样导致了我国刑法对法益保护的诸多不利，将抽象危险犯作为单独犯罪进行立法在我国至少有以下立法价值：第一，控制社会风险。现代社会风险的特征逐渐转变，如交通工具的极

---

① ［德］约克·艾斯勒：《抽象危险犯的基础和便捷》，蔡桂生译，载《刑法论丛》第14卷。

大便利，生产的全球化导致风险呈现了实害后果越发严重的特征，而这些实害后果在以前不够发达时并不会时常出现。故需对风险加以控制，在其耗尽社会利益盈余而演变为危险后，需要动用法律手段，运用刑法对具有普遍较大风险的行为予以威慑便成为必要。当然，在进行抽象危险犯立法时必须要防止为控制风险将规制犯罪人而非犯罪行为作为目的、侵犯人权的情形出现。第二，降低证明的难度。在我国台湾地区，危险犯构成要件被认为是恰当的堵截要件，以防止实害出现，但运用实害犯构成要件构成法益，常常遭遇举证的困难。[①] 德国将抽象危险犯定型化的重要理由也在于其证明上的困难。[②] 这里需要注意的是，运用抽象危险犯立法可以解决的证明困难的问题仅限于抽象危险的证明，其并不影响实害犯及具体危险犯的证明标准。第三，实现刑法积极的一般预防功能。我国台湾地区某学者认为，抽象危险犯的立法并不能发挥所谓的积极的一般预防功能，因为就威慑结果而言，具体危险犯的处罚较抽象危险犯重，实害犯就更重。同一个行为，如果以一般预防为目的，运用抽象危险犯立法远远不如处罚更重的实害犯，故而其认为抽象危险犯不具有积极的一般预防功能。而本书认为，虽然抽象危险犯的处罚较轻，但其与具体危险犯和实害犯相比的重要优势在于防卫时间提前，以此看来，抽象危险犯的立法成绝对值地增强刑法积极的一般预防功能。

我国《刑法修正案八》以抽象危险犯的模式将醉酒驾驶纳入刑事立法，其初衷在于醉酒驾车具有高度危险性，极易造成恶性

---

① 林东茂：《危险犯与经济刑法》，台湾五南图书出版有限公司 1996 年版，第 15 页。

② ［德］约克·艾斯勒：《抽象危险犯的基础和便捷》，蔡桂生译，载《刑法论丛》第 14 卷。

事故，人民群众也对此反响强烈，故将其从行政法提升至刑法调整。① 自醉酒驾驶以抽象危险犯纳入刑法规制以来，由于醉酒驾驶的入罪在证明上较为简便，醉酒型危险驾驶罪得到了司法机关充分的适用，酒驾导致的交通事故明显减少，较有效地遏制了醉酒驾驶行为给社会带来的巨大风险。同时，社会公众对酒后不能开车的认识更为深刻，以抽象危险犯模式设立醉酒型危险驾驶罪也达到了刑法的一般预防目的。可见，我国醉酒型危险驾驶罪的立法有效实现了抽象危险犯作为单独犯罪进行立法的价值，将醉酒驾驶作为抽象危险犯纳入刑事立法的努力是值得肯定的。但是，有抽象危险犯的罪名规定，并不意味着醉酒驾驶行为须“一律入刑”，本书在下文有关司法认定的部分将对此详细论述。

五、抽象危险犯的立法克制

抽象危险犯将法益的刑法保护大大提前，其只能由立法机关确定，以维持抽象危险犯确立的正当性。尽管如此，具体立法中，还必须保持对抽象危险犯的立法克制。

抽象危险犯的最大特点便是提炼出一般的行为模式，拟制该行为模式具有法律上的抽象危险，并得以直接作为刑事处罚的理由。然而，由于抽象危险犯脱离了具体个案的情状，而社会纷繁复杂，个案中每个符合抽象危险行为类型的具体行为都有自己特殊的情状。若抽象危险犯的立法不够严谨，导致出现大部分具体个案中不存在现实危险的情况，当被拟定为抽象危险的行为现实

---

① 参见中国人大网：《刑法修正案（草案）条文及草案说明》http://www.npc.gov.cn/huiyi/cwh/1116/2010－08/28/content_1593165.htm.最后访问日期：2016年5月15日。

中不存在危险，要么仍强行按照法律的拟定将其入罪，要么以某种理由出罪。这将面临两难境地：若将其入罪则违反了罪责原则，且如果该抽象危险犯导致大量违背罪责原则的情形出现的话，抽象危险犯中保护社会的理由也不足以为其侵犯人权作充分辩护；而若将该部分符合抽象危险构成却又现实中无危险的行为以某种理由出罪，这样抽象危险犯将失去其规范功能，界限越发模糊，最终被搁置或滥用。因此，针对抽象危险犯违反罪责原则及刑法谦抑的质疑，抽象危险犯的确定需要保持谨慎，以防拟定抽象危险的行为在个案中出现大量不存在现实危险的情况。故立法者所拟制的抽象危险行为需具备相当高的精确性，以达到被刑法拟制的抽象危险行为多能在具体个案中同时具备现实危险。

本书认为，提高立法者设定抽象危险犯的精确性需满足如下要求：其一，被拟定为抽象危险的特定行为必须具有社会生活中普遍的较大危险，而该“较大危险”主要通过各该行为在实践中发生实害的三个指标来确定：后果重、数量多、概率大。只有该类行为发生实害的危险达到“较大危险”的情形，且行政法的罚则所拥有的行政处罚权限又无法吓阻该类行为时方可被考虑作为刑法中的抽象危险犯。其二，必须存在类型化的特定行为方式，若某类行为虽然有较大危险，但无法对其特定行为方式进行类型化，也不可规定为抽象危险犯，否则抽象危险犯违反最重要的精确化原则。以放火罪为例，对其以具体危险犯立法，主要因为放火行为无法确定能造成普遍具有较大危险的特定行为方式，如具体怎么放火或者以什么工具放火；甚至也很难确定普遍具有较大危险的情状，如在哪儿放火。其三，尽量细化类型化的特定行为方式。为保证抽象危险犯的立法的精确性，应主要从正面特定化具体的行为方式，其次也可加入行为特定情状的要求，只要将某一情状加入本抽象危险行为罪状的设计，那么这个情状也相应地抽象化了。有学者提出，可以在设计法条时直接将某种情形排除在构成要件之外。[①] 本书虽不反对该提法，但不建议多用所提之方法。因为抽象危险犯视为拟制抽象危险的存在，所有符合构成要件行为都将被拟制为具有抽象危险，从反面排除某情状远不如正面规定有效，反而可能造成立法过于琐碎。这里需要注意的是，该行为情状不能是概括性的需要借助个案再进行具体判断的情状，如“社会影响恶劣”等概括性的行为情状，因无法直接在个案中脱离具体情状直接推定其具有危险，抽象危险犯的规定也将失去本质的内涵。

① 苏彩霞：《“风险社会”下抽象危险犯的扩张与限缩》，载《法商研究》2011 年第 4 期。

第四章 危险驾驶罪的犯罪构成研究

危险驾驶罪的主体是一般主体，年满 16 周岁的行为人都可以成立本罪。需要注意的是，并不要求行为人必须是已经获得机动车驾驶证的适格驾驶员。对危险驾驶罪的犯罪主体少有疑难问题，故本书在危险驾驶罪的犯罪构成研究中仅将笔墨主要放在犯罪客体、客观方面和主观方面。

第一节 危险驾驶罪的犯罪客体

一、研究危险驾驶罪犯罪客体的必要性

学界有关危险驾驶罪的研究虽多，但据本书掌握的资料来看，涉及危险驾驶罪犯罪客体的却非常少，对其进行专门研究的更是凤毛麟角。犯罪客体作为犯罪构成四要件之一，学者们在研究危险驾驶罪的同时，其犯罪客体要件当然会进入该学者视野，但之所以学者们纷纷略过对犯罪客体的研究，主要是因为危险驾驶罪

犯罪客体对于学者们没有什么难点，也谈不上研究价值。[①]

然而，学者们对其犯罪客体的认识并非都一致，综观现有的学术文献，有关危险驾驶罪犯罪客体的表述众说纷纭，有的认为其犯罪客体是交通安全，有的认为是交通秩序，还有的认为是公共安全。可见，学者们对其犯罪客体的认识远未达到统一，都仅凭自己的直观认识进行判断。遗憾的是，虽然对危险驾驶罪犯罪客体的认识在学界出现一定混乱，却没有对危险驾驶罪的犯罪客体正本清源。

虽然都是不特定人的生命、财产安全，但交通安全与公共安全存在重要区别。交通安全之所以从公共安全中分离出来，原因在于社会需分担交通行为造成的部分风险，故因交通行为造成对社会的侵害，只要符合规范操作，就不予处罚，若是违反规范操作，对其处罚也比一般行为造成侵害的更轻。故危险驾驶罪侵犯的客体到底是交通管理秩序、交通安全还是公共安全，对本罪的认定有重要作用。其作用主要有以下两方面：其一，对罪与非罪认定的作用。如醉酒驾驶情节轻微的场合，若主张危险驾驶罪的犯罪客体为公共安全，则社会免去交通风险的分担，危险驾驶罪的入罪门槛则更低；若主张危险驾驶罪的犯罪客体为交通管理秩序或交通安全，则社会需分担属于规范驾驶行为的那一部分风险，危险驾驶罪的入罪门槛则更高。其二，对本罪与他罪区分的作用。在交通犯罪的场合，犯罪客体的不同会影响定罪，如驾驶员醉酒驾车穿过人流量非常大的十字路口，造成三人死亡的后果，若主

---

① 正如有文章写道：“鉴于危险驾驶罪的主体和客体要件并不难确定，所以本书将其略去不谈。”王志祥、敦宁：《危险驾驶罪探析》，载《中国刑事法杂志》2011 年第 7 期。

张交通肇事罪的犯罪客体为交通安全，则成立本罪；若主张交通肇事罪的犯罪客体为公共安全，则应成立过失以危险方法危害公共安全罪。可见，危险驾驶罪的犯罪客体不仅影响到本罪的罪与非罪认定，也影响到本罪与他罪的界分，准确界定危险驾驶罪的犯罪客体实属必要。

二、研究危险驾驶罪犯罪客体的前提："陆路交通"之提倡

学界在危险驾驶罪犯罪客体的界定上存在诸多误读的原因在于对"交通"、"道路交通"、"道路"等概念的混淆，有必要澄清相关概念的内涵。

一般理解的"交通"即往来互通。在专业领域，交通是指人、物和信息在两地之间的往来、传递和输送。狭义的交通专指运输。[①] 交通安全指铁路、公路、水路和航空等运输领域中关系到人民生命财产的安全。习惯上仅指公路运输和城市交通的安全。[②] 从上述定义可以看出，交通具备以下三个本质特征：第一，交通必须借助工具的辅助。按驱动类型的不同，交通工具可以分为畜力、人力及机动交通工具。交通并不是现代独有的产物，没有机动车的时候也存在交通，如畜力驱动的马车、马路和之后由人力驱动的黄包车、自行车。随着工业的发展，交通工具逐渐更新，交通给人们带来的便利即高速与高效也越来越大，如1000公里的路程，驾驶轿车只需10小时，而以前快马加鞭也要几个日夜。第二，交通具有风险性。创造便利的同时，交通给人们带来的风险也越来

① 《交通大辞典》编辑委员会编：《交通大辞典》，上海交通大学出版社2005年版，第1页。

② 《交通大辞典》编辑委员会编：《交通大辞典》，上海交通大学出版社2005年版，第387页。

越多，危害后果越来越严重。这样看来，现代交通到底是限制了人类的自由还是扩大了人类的自由呢？本书认为，即使古代的畜力交通社会风险极小，而现代的机动交通风险更大，但总体来说，人类凭借交通的发展仍扩大了自由，总体上运用现代机动交通工具带来的利益要远大于其存在的风险，人类自主选择了利用机动交通工具而淘汰畜力交通工具便证明了这一点。社会享受交通利益的同时也将分担由此带来的风险，交通的这一本质特征反映在社会规范上，就出现了交通领域一些特别的规范现象，具体表现为对规范交通操作存在的风险及其造成的人员伤亡不处罚，且对违规交通操作造成的人员伤亡相对于其他过失造成同样伤亡的处罚更轻。第三，交通具有公共性。交通的公共性是相对于私人性而言的，自不待言；个人管辖范围属于私人性，社会公共通行范围属于公共性。但多数个人组成的单位的管辖范围内的交通工具通行属于私人性还是公共性呢？本书认为，其仍具有公共性的特征，因其虽在单位管辖下，但在该区域内利用交通工具通行仍会影响单位内不特定个人的安全，单位虽可能作为拟制的人即法人存在，但交通涉及的风险仅针对自然人的个人存在，虽然统属于单位的整体，但在专属于自然人的人身安全方面，每个个人都有独立保护的价值。

关于“道路交通”的理解，《道交法》中所规范的“道路交通”秩序泛指除铁路交通之外的一切陆上交通秩序，但由于法律上的“道路”又有特殊含义，[①] 为避免“道路交通”与“道路”

① 《道路交通安全法》第119条规定：“道路”，是指公路、城市道路和虽在单位管辖范围但允许社会机动车通行的地方，包括广场、公共停车场等用于公众通行的场所。

的混淆，本书提倡将现行的“道路交通”一律称为“陆路交通”，以泛指除铁路交通之外的一切陆上交通。从《道交法》来看，“陆路交通”既包括“道路”上的交通，也包括“未上道路”的交通;[①] 陆路交通存在“上道路”与“不上道路”之分。从《道交法》对道路的界定来看，道路主要是公路和城市道路，而根据《中华人民共和国公路法》（以下简称《公路法》）的规定，公路都必须具备一定技术标准,[②] 城市道路由于通行率更高，其技术标准自然不会低于普通公路，可见《道交法》的“道路”相对于其他可供通行的路，其本质特征是符合一定的技术标准，在道路上可以实现快速通行，道路上行驶的车辆普遍速度更快，因此比其他路段风险更大。在道路上驾驶的需承担更高的注意义务，故《道交法》中有些要求仅针对道路上的行驶，如“达到报废标准的机动车不得上道路行驶”，但在不属于道路的其他路段如乡间小路上行驶因风险较小，社会利益仍属于盈余状态，故其并不违法。但有些行为不论是否上道路都是被法律所禁止的，如“过度疲劳影响安全驾驶的，不得驾驶机动车”。

---

① 《道路交通安全法》第 14 条第 3 款规定：达到报废标准的机动车不得上道路行驶。第 18 条第 1 款规定：依法应当登记的非机动车，经公安机关交通管理部门登记后，方可上道路行驶。第 22 条第 2 款规定：饮酒、服用国家管制的精神药品或者麻醉药品，或者患有妨碍安全驾驶机动车的疾病，或者过度疲劳影响安全驾驶的，不得驾驶机动车。

② 《公路法》第 6 条规定：公路按其在公路路网中的地位分为国道、省道、县道和乡道，并按技术等级分为高速公路、一级公路、二级公路、三级公路和四级公路。具体划分标准由国务院交通主管部门规定。新建公路应当符合技术等级的要求。原有不符合最低技术等级要求的等外公路，应当采取措施，逐步改造为符合技术等级要求的公路。

三、危险驾驶罪犯罪客体的理论争议

学界对危险驾驶罪犯罪客体的讨论虽然不多也不深，但观点却存在许多派别。第一种观点是“公共安全”说，如有学者主张，危险驾驶罪侵犯的客体是公共安全，即不特定或者多数人的生命、财产安全；[①] 还有学者主张，“醉驾型”危险驾驶罪与交通肇事罪均侵犯了刑法保护的公共安全法益。[②] 第二种观点是“道路交通秩序及公共安全”说，持此说的代表性理论来自于立法部门的实际工作者，其认为，危险驾驶罪侵犯的客体主要是道路交通秩序，同时也威胁到不特定多数人的生命、财产安全。[③] 第三种观点是“道路交通秩序及道路交通安全”说，如有学者认为，危险驾驶罪的客体是道路交通管理秩序和道路交通安全。[④] 第四种观点是“公路交通安全”说，如有学者认为，危险驾驶罪的客体是公路交通运输安全。[⑤] 第五种观点是“交通管理秩序”说，如有学者认为，危险驾驶罪侵犯的客体主要是交通管理秩序。[⑥] 第六种观点是“道

---

① 詹红星：《危险驾驶罪的立法解读与反思》，《西部法学评论》2011年第4期。

② 谢望原、何龙：《“醉酒型”危险驾驶罪若干问题探究》，载《法商研究》2013年第4期。

③ 全国人大常委会法制工作委员会刑法室编：《〈中华人民共和国刑法修正案（八）〉条文说明、立法理由及相关规定》，北京大学出版社2011年版，第71页。

④ 蒋熙辉：《危险驾驶罪若干问题再探》，载《人民检察》2012年第19期。

⑤ 夏汉青、朱俊：《危险驾驶罪若干问题探讨》，载《中共郑州市委党校学报》2013年第2期。

⑥ 张淑芳：《危险驾驶犯罪的行政法律责任问题探析》，载《福建法学》2013年第2期。

路交通安全”说，如有学者认为危险驾驶罪的犯罪客体为道路交通安全，① 也有学者认为，危险驾驶罪的直接客体为道路交通安全。②

但以上六种代表性学说都存在一定问题：“公共安全”说将公共安全直接作为危险驾驶罪的客体，公共安全和陆路交通安全是包含与被包含关系，将外延更大的公共安全作为危险驾驶罪的客体并不妥当，也有失精准。“道路交通秩序及公共安全”说将道路交通秩序和公共安全混杂在一起，共同作为危险驾驶罪的犯罪客体，本意也许是想通过公共安全进一步限定道路交通秩序的范围，但作此限定难说有必要。“道路交通秩序及道路交通安全”说同时使用道路交通秩序及道路交通安全作为危险驾驶罪的客体，以期实现更完善的界定，但道路交通秩序及道路交通安全有重要区别。“公路交通安全”说的问题在于将不在公路上的陆路交通也作为危险驾驶罪的规范对象。“交通管理秩序”说将交通秩序全部纳入危险驾驶罪的客体范围，危险驾驶罪并未全部包含陆路交通、铁路交通、水上交通及航空交通。“道路交通安全”说将“道路交通安全”作为本罪的客体，但其并未厘清“安全”与“秩序”之间的区别。

四、关于危险驾驶罪犯罪客体的本书立场

学界关于危险驾驶罪犯罪客体的理论争议折射出有关本罪客体的许多重要问题，如陆路交通领域相对于一般公共领域有何特

① 赵秉志、刘远：《危险驾驶罪研析与思考》，载《政治与法律》2011 年第 8 期。

② 董玉庭、黄大威：《危险驾驶罪的规范与完善》，载《学术交流》2011 年第 8 期。

别，“安全”和“秩序”区别何在，危险驾驶罪的客体是否等同于交通肇事罪的客体？这些问题都有待深入的研究。

（一）危险驾驶罪的犯罪客体应限定在交通领域

从刑法第133条之一的具体规定来看，危险驾驶罪规制的对象均为“道路上”的驾驶行为，可以肯定该罪规制的行为为交通领域的驾驶行为，具体而言，应为陆路交通领域驾驶机动车的行为。这从立法者的立法本意也可以得到证实，《刑法修正案（草案）条文及草案说明》中指出：“对一些社会危害严重，人民群众反响强烈，原来由行政管理手段或者民事手段调整的违法行为，建议规定为犯罪。主要是醉酒驾车、飙车等危险驾驶的犯罪”[①]，可见该罪规制的行为为特定的驾驶机动车在道路上行驶的行为。

明确危险驾驶罪规制的对象为交通领域的行为后，下一步需要解决的是，该罪的犯罪客体应限定在交通领域还是一般的公共安全领域？本书在前文已指出，交通领域区别于一般公共安全领域的重要标志是社会是否为该领域的行为分担风险。被允许的交通领域的行为，社会当然为其分担风险，因此也将影响定罪和量刑。以我国刑法中的交通肇事罪与失火罪为例，对比两罪的罚则，造成同样危害结果的，交通领域中构成交通肇事罪的处罚（3年以下有期徒刑或拘役）就比一般公共安全领域中失火罪的处罚（3年以上7年以下有期徒刑）更轻，产生这种现象的根本原因即在于交通领域中社会为交通肇事者分担了社会所允许的规范驾驶行为的风险，肇事者只需对由于违规驾驶行为增加的社会风险负责，

① 中国人大网：《刑法修正案（草案）条文及草案说明》，http//wwwn-pcgovcn/huiyi/cwh/1116/2010 - 08/28/content _ 1593165htm. 最后访问日期：2016年5月15日。

故同样危害结果下其处罚轻于失火罪。

那么，什么是“社会所允许的规范驾驶行为的风险”？前文已述，规范的驾驶行为不仅能带来风险，还带来社会预期利益，因该社会预期利益大于风险而为社会创造社会利益盈余时，社会即许可该规范的驾驶行为存在，允许并分担由此带来的风险。所谓“规范的驾驶行为”是社会所期待的驾驶人有能力做到且应当做到的驾驶行为，社会为此制定了许多驾驶的要求，具体表现为驾驶人资质的行政许可及有关驾驶行为的全面细致的行政法律规范。法律规范中对每种不同性质交通工具规范的驾驶行为的要求各有不同，如驾驶货车的资质就比驾驶机动车严格，操作规范也更细致，具体在驾驶机动车方面，驾驶公共汽车又比摩托车更严格，因此，每类交通工具的规范的驾驶行为都相对固定。

明确“规范的驾驶行为”内涵后，需进一步追问对每类交通工具规范的驾驶行为，怎么判断是否存在“社会所允许的风险”，该风险在多大的范围内呢？本书认为，“社会所允许的风险”受两个因素的影响，一为交通工具的类型，二为通行条件。在两个因素均确定的情况下，“社会所允许的风险”便是确定的。以我国现行的法律规范为依据，陆路交通领域，交通工具的类型可以分为两类：机动交通工具、非机动交通工具；通行条件可以分为两类：道路和其他路段，其他路段主要为村镇小路，还包括单位内部不允许公众通行的路段，有关单位内部路段本书将在犯罪客观方面论及。非机动交通工具对社会造成的风险极小，无论在道路还是其他路段通行都不涉及犯罪的问题，本书不予讨论。由于本书尚未掌握实践的数据，无法量化各类驾驶行为社会所允许的风险，但各类社会所允许的风险总体上是具有可比性的，以机动交通工具在道路上行驶的情况下社会允许的风险为基准，可将两类驾驶行为“社会所允许的风险”以图形表示如图 2 所示：

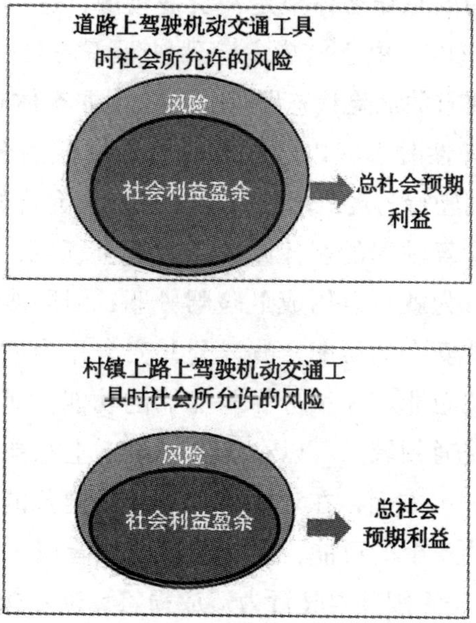

图 2

某类驾驶行为的总社会预期利益是驾驶该交通工具在陆路上行驶所带来的便利程度，风险为以规范的驾驶行为驾驶所不可避免的风险，当风险小于社会总预期利益时，便存在社会利益盈余，此时的风险也为“社会所允许的风险”。第一类“道路上驾驶机动交通工具”的驾驶行为，其风险远小于总社会预期利益，为社会所允许的驾驶行为，由此带来的那部分风险便为“社会所允许的风险”；第二类“村镇小路上驾驶机动交通工具”的行为，由于村镇小路的通行条件不如道路，便利程度下降，总社会预期利益也减少，且该驾驶行为仍为社会所允许的驾驶行为，该风险便由社会分担，由于速度较慢，风险也相应降低，故其相对于第一类行为，“社会所允许的风险”减小。

危险驾驶罪的犯罪客体限定在交通领域，这对该罪的定罪量刑都有明显的影响。由于构成危险驾驶罪不需要出现实害结果，只需达到刑法要求的危险状态即可，明确本罪客体限于交通领域，衡量其社会危害性时不应以危险驾驶行为造成的全部危险为准，而需减去该类驾驶行为规范驾驶时的“社会所允许的风险”。具体而言，若将危险驾驶罪的客体归入公共安全领域，认为侵犯了公共安全的驾驶行为就可以构成危险驾驶罪，因即使规范的驾驶行为也有侵犯公共安全的可能，故以公共安全作为危险驾驶罪的犯罪客体无法实现犯罪客体区分罪与非罪的功能。而将危险驾驶罪的客体限定在交通领域，可以在定罪及量刑上都能发挥本罪的犯罪客体的功能。一方面，在定罪上，只要是规范的驾驶行为，虽也存在侵犯公共安全的可能，但其造成的风险属于“社会所允许的风险”，无论是否因其驾驶行为造成损害，都不构成犯罪；若是轻微违规的驾驶行为，虽其侵犯公共安全的可能比规范驾驶更大，但只要其违规的驾驶行为尚未耗尽规范驾驶时带来的社会利益盈余，就不能称之为“危险”，无论何时都不构成危险驾驶罪，但造成严重后果的可以构成交通肇事罪。另一方面，在量刑上，危险驾驶罪量刑的主要指标之一是该危险驾驶行为的危险性程度，确定该危险驾驶行为的实际危险性程度后，作为量刑基准的危险性程度仍然需要在实际危险性程度的基础上核减掉该类陆路上规范驾驶机动交通工具时“社会所允许的风险”，虽然该“社会所允许的风险”不好量化，但在量刑时有助于树立一种观念，即危险驾驶者不应对其驾驶行为造成的所有危险担责，对危险驾驶罪的科学量刑是有裨益的。

（二）以“陆路交通安全”为客体的危险驾驶罪

危险驾驶罪的犯罪客体是有关于“陆路交通秩序”还是“陆路交通安全”，学界并没有明确区分，认识较为混乱。甚至有学者为了避免遗漏，将两者共同作为危险驾驶罪的犯罪客体，然而，这种和稀泥的做法无益于危险驾驶罪犯罪客体的研究，犯罪客体所承担的指导本罪认定的功能也将被虚置。

在判断危险驾驶罪犯罪客体是陆路交通秩序还是陆路交通安全之前，有必要明确交通秩序和交通安全的关系。秩序表示一种有序的状态，而安全侧重于生命、财产不受侵害，在一般领域内，违反了秩序，并不一定会危害安全，如违反了排队的秩序，至多损害了被插队者的时间利益，谈不上对其生命、财产有何侵害。但在交通领域，交通秩序和交通安全的关系要特殊得多。交通属于高风险的领域，交通秩序只是为了控制交通风险，保障交通通行的安全程度，即使遵守秩序，也不能完全保证生命、财产的安全，但在遵守秩序的前提下出现对交通安全的危害，不具备可罚的基础；但若破坏交通秩序，便会人为增大交通行为的风险，降低交通通行的安全程度，具备了可罚的基础。在交通领域中，交通安全不可能绝对确保，单纯对交通安全的威胁并不足以被认定为犯罪，甚至其也不一定违法，只有破坏交通秩序导致的交通安全受到危害才存在可罚的基础。因此，对交通危险行为处罚的直接基础并非交通安全的危害，而是对交通秩序的违反。

本书认为，危险驾驶罪中的四个分支即竞驶型危险驾驶罪、醉酒型危险驾驶罪、“双超”型危险驾驶罪与危化型危险驾驶罪的犯罪客体虽都应限于陆路交通领域，但各自所保护的具体客体并不相同。竞驶型危险驾驶罪是具体危险犯，其罪状表述是“追逐竞驶，情节恶劣”，所谓情节恶劣，本质是造成侵害陆路交通安全的危险，其构成犯罪不仅是因为违反秩序，更直接或者说更根本的是威胁了陆路交通安全。因为违反了“不允许追逐竞驶”的陆路交通秩序还不能构成犯罪，只有符合了具体侵犯陆路交通安全的“情节恶劣”才能称之为犯罪，故竞驶型危险驾驶罪的犯罪客体应为陆路交通安全。同样的理由与结论也适用于作为具体危险犯的危化型危险驾驶罪。危化型危险驾驶罪的罪状为“违反危险化学品安全管理规定运输危险化学品，危及公共安全的”，其构成犯罪不仅要求违反危险化学品安全管理规定，即违反陆路交通秩序，更进一步要求行为“危及公共安全”。单纯违反危险化学品安全管理规定运输危险化学品的行为只是违反行政法律法规与规章的行政违法行为，并未侵犯陆路交通安全，对行为进行行政处罚即可。

考虑到此两类危险驾驶罪的犯罪客体研究与交通肇事罪在本质上是相似共通的，其犯罪客体研究可以直接沿用交通肇事罪犯罪客体的研究结果，① 且对于交通安全作为交通犯罪的犯罪客体也是学界比较主流的观点，故有关竞驶型危险驾驶罪与危化型危险驾驶罪客体的理由不做充分展开。只是需要注意，危化型危险驾驶罪的罪状明确适用“危及公共安全”的措辞，这是否就表明危化型危险驾驶罪的犯罪客体是“公共安全”而非“陆路交通安全”呢？对此，本书的回答是否定的。尽管“危及公共安全”是指行为人违反危险化学品安全管理规定运输危险化学品危及不特定或多数人的生命、财产安全，但《刑法修正案九》所增设的危化型

① 较有代表性的研究成果是黄明儒博士阐释的“交通肇事罪的犯罪客体应为交通安全”，参见黄明儒：《浅析交通肇事罪的范围》，载《国家检察官学院学报》2000 年第 4 期。

危险驾驶罪只是针对危险化学品运输环节的运输行为，而不包括危险化学品安全管理的生产、储存、销售、使用、废弃等环节。对运输环节以外的其他环节出现的违反危险化学品安全管理规定危及公共安全的，只能视情况给予行政处罚或者以其他相关罪名论处。而立足于在陆路上运输危险化学品的运输行为，所侵犯的社会关系显然仅是陆路交通安全。

（三）客体限定为陆路交通秩序的危险驾驶罪

本书前文已述，竞驶型危险驾驶罪与危化型危险驾驶罪的客体为陆路交通安全，虽然同处于危险驾驶罪，但醉酒型危险驾驶罪与“双超”型危险驾驶罪的犯罪客体应为交通秩序，本书主张醉酒型危险驾驶罪与“双超”型危险驾驶罪的犯罪客体是陆路交通秩序，根本原因在于其属于抽象危险犯，只要违反相应的秩序即实施了醉酒驾驶或者严重超员超速驾驶的特定的行为，就可以满足本罪的客观构成要件。支持醉酒驾驶罪与“双超”型危险驾驶罪犯罪客体为陆路交通秩序的理由还有以下几点：

第一，这两类危险驾驶罪在刑法分则中所处危害公共安全罪的地位来看，将陆路交通秩序作为其直接客体并不影响该罪公共安全同类客体的认定。本书上文关于交通安全及交通秩序的区别中已指出，交通秩序是为保障交通安全而存在的，陆路交通秩序属于交通秩序的一种，违反了陆路交通秩序的驾驶行为，必然也危害了陆路交通安全而存在可罚基础。陆路交通安全属于公共安全的一部分，故作为直接客体的陆路交通秩序仍归统于同类客体的公共安全之下。

第二，从此两类危险驾驶罪的犯罪构成来看，违反本罪所规定的陆路交通秩序，不需要出现实害结果便可直接认定为构成犯罪。陆路交通秩序本来属于行政法保护的范畴，刑法直接对该秩序进行保护的基础是什么呢？在陆路交通领域，由于对某些秩序的破坏将产生危害交通安全的重大危险，为防止破坏该秩序产生的严重后果，便将本来由行政法保护的该秩序上升到刑法保护，以避免实害的发生。同时警示公民不得触刑，发挥法的教育功能。因此，某些陆路交通秩序由于上升到刑法保护从而成为醉酒型危险驾驶罪与“双超”型危险驾驶罪的犯罪客体。

第三，从此两类危险驾驶罪的罪与非罪区分来看，以陆路交通秩序作为本罪客体更有利于抽象危险犯的认定。当然，若以陆路交通安全作为犯罪客体，对于交通肇事罪的认定不会产生障碍，因为交通肇事罪属于实害犯，只有造成重大交通事故，出现对危害交通安全的实害结果，才能构成交通肇事罪。可是，若以陆路交通安全作为醉酒型危险驾驶罪与“双超”型危险驾驶罪的犯罪客体，而此两类危险驾驶罪均属于抽象危险犯，仅仅以陆路交通安全处于危险状态无法准确认定是否构成犯罪，因只要将社会利益盈余耗尽的行为均属于危险行为，但并不是所有危险行为都能被认定为犯罪，否则行政法就失去了其发挥作用的重要途径。另外，危险状态本来就不好界定，即使不考虑行政法发挥作用的途径，以其作为认定醉酒型危险驾驶罪与“双超”型危险驾驶罪的标准难以操作，如此很可能造成罪名虚置及权力寻租。但如果以陆路交通秩序作为本罪客体，认定是否构成本罪就容易得多，因为陆路交通秩序都是法律规范中明确规定的，以其作为客体可以对醉酒型危险驾驶罪与“双超”型危险驾驶罪进行较精确的规范评价，只要违反刑法所保护的陆路交通秩序，就可推定为构成本罪。

（四）以“特定陆路交通秩序”为客体的危险驾驶罪

上文中本书已论证醉酒型危险驾驶罪与“双超”型危险驾驶

罪的犯罪客体是陆路交通秩序，那么设置此两类危险驾驶罪所保护的是所有的陆路交通秩序吗？应当看到，陆路交通秩序为保障交通安全存在，对陆路交通秩序的维护主要是行政法的任务。秩序是维护社会最大限度安定的状态，当出现对秩序的侵犯时，需要迅速恢复社会要求的秩序。与刑法相比，行政法更能满足迅速恢复社会秩序的要求，这从行政法和刑法各采用的行政处罚程序与刑事诉讼程序的区别中可以探寻答案。两者主要有以下区别：其一，确定力不同。行政处罚作出之日起即生效并被推定合法；刑事诉讼程序中奉行“无罪推定”，未经法院的最终审判，任何刑事诉讼阶段对行为人的不利评价不得生效。其二，执行力不同。行政处罚一经作出即具执行力，处罚作出后被处罚人便需承担行政处罚的法律后果；刑事诉讼程序中只有经过侦查、审查起诉、提起公诉、审判及上诉等程序，判决正式生效后才获得执行力。其三，程序救济不同。行政处罚在作出后，被处罚人虽可以选择复议和诉讼，但复议是在行政系统内部作出，诉讼又只能对行政行为的合法性进行审查；刑事诉讼程序中，一审判决作出后，若被告人提出上诉，上级法院需进行全面审查。可见，刑法效用的发挥需经过以公正、精确为追求的刑事诉讼程序，无法承担维护整个社会秩序的任务，而行政法采用的行政处罚程序所具备高效、便捷的特质正好能满足迅速恢复社会秩序的需求。

行政法发挥其维护陆路交通秩序的功能的途径如下：首先，行政法通过规范性文件规定驾驶行为的规范，设置社会期待的陆路交通秩序，各驾驶员以规范的驾驶行为驾驶车辆在陆路上行驶便是道路交通秩序的反映。其次，行政法通过行政处罚，对违反交通秩序的驾驶行为迅速作出反应，行政法规范的违反交通秩序驾驶行为既包括没有耗尽社会利益盈余的行为和虽耗尽社会利益盈余但不需动用刑罚处罚的行为。未耗尽社会利益盈余的行为下社会总体仍是获益的，其并未制造危险，刑法不能介入，但由于其破坏了行政法设置的秩序，打破了社会秩序的稳定状态，行政法因此有介入的理由。对于违反陆路交通秩序导致社会利益盈余耗尽的危险驾驶行为，大部分仍由行政法调整。但对于违反特定陆路交通秩序的驾驶行为，行政法的处罚力度不足以威慑该类行为，故需借助刑法的力量予以规制。

仅以行政法处罚力度是否足以威慑违反特定秩序的行为作为刑法介入的原因仍过于抽象，对刑法为什么可以直接介入特定陆路交通秩序的理由需要进一步明确。有学者指出，立法者是基于对风险社会中重大法益的特别前置保护，而将某违反交通秩序的行为如醉驾行为单独规定为犯罪。[①] 所谓刑法的“特别前置保护”，即刑法直接介入本应由行政法规范的秩序，按其观点，刑法冲到第一线维护陆路交通秩序的标准是其关涉重大法益。诚然，法益的重大应作为刑法介入的必要条件，若法益只涉及微小的财产利益，即使受到实际损害刑法也无须过问。但法益的重大并不能作为刑法介入的充分条件，否则，为何可能导致交通事故的前提下，违反交通秩序的醉酒驾驶行为普遍纳入各国家和地区刑法；而失火可能导致更加重大法益侵害的火灾后果，各国家和地区均没有将违反相关社会管理秩序的行为如违规焚烧垃圾纳入刑法，其原因便在于违规焚烧垃圾虽然可能导致更严重的火灾后果，但违规焚烧垃圾与火灾后果之间的因果关系并不紧密，现实中违规焚烧垃圾多导致的是环境的污染，发生火灾后果的极少。更重要的是，

---

① 参见谢望原、何龙：《“醉酒型”危险驾驶罪若干问题探究》，载《法商研究》2013 年第 4 期。

即使在违规焚烧垃圾导致火灾后果的场合，何种具体焚烧垃圾的违规行为导致火灾后果的发生无法固定，故只能以实害犯规制导致失火的违规行为，单纯可能导致失火的违规行为刑法不宜规制。而危险驾驶行为可能导致重大交通事故的后果，因实践中某些违反交通秩序的具体危险驾驶行为如醉酒驾驶、严重超员超速驾驶与重大交通事故之间的因果关系甚为紧密，刑法将这些与交通事故因果关系紧密的违规行为作为规制的对象存在合理性。

可见，刑法提前介入特定秩序维护的前提有二：一是秩序关涉重大法益；二是违反其中特定秩序的行为与未来重大法益损害的结果存在密切的因果关系。具体到刑法中的醉酒型危险驾驶罪与“双超”型危险驾驶罪，其便是刑法提前介入交通秩序维护的典型，无疑，危险驾驶行为违反的陆路交通秩序，关涉陆路交通安全，当然属于重大法益，但如何证明醉酒型危险驾驶罪与“双超”型危险驾驶罪中的具体危险驾驶行为与重大交通事故有密切的因果关系，换言之，如何确定何种陆路交通秩序应属于刑法保护的客体即“特定陆路交通秩序”？

本书认为，确定作为刑法客体的“特定陆路交通秩序”应以实践的调研及现实的数据为依据。具体的做法需要分为两步：第一步，通过对各类重大交通事故发生原因的统计，挑选出由于违反陆路交通秩序导致的那部分重大交通事故。然后从所有违反陆路交通秩序的行为中找出占比重较大的几类驾驶行为。然而，仅进行第一步的判断是不够的，如我国仅将醉酒驾驶、追逐竞驶、“双超”驾驶以及违规运输危化品的驾驶作为刑法中规范的危险驾驶行为，其主要依据便是该四类行为频频在媒体曝光，引起社会广泛关注，其当然属于占比重大的违反陆路交通秩序的几类驾驶行为，故《刑法修正案八》与《刑法修正案九》危险驾驶罪的立法经过了第一步的判断。但这样的规定带来的问题是，比追逐竞驶等行为更易导致重大交通事故的水路、空中醉酒驾驶、疲劳驾驶、吸毒后驾驶游离于刑法之外。解决此问题还需通过第二步的判断，即通过调研，统计导致重大交通事故比重较大的几类驾驶行为在社会中的总数，将各类驾驶行为发生重大交通事故的数量除以该类驾驶行为的总数，以估算出该类违反陆路交通秩序的驾驶行为发生重大交通事故的比例，该比例便是密切因果关系的有力证据。

需要注意的是，第二步的判断标准因第一步确定的导致事故驾驶行为的总量的不同而要求不一，导致事故的总量越大，对该类驾驶行为发生交通事故的比例及因果关系密切性的要求就越低，反之亦然，这是刑法保障社会整体安全的使命及刑法谦抑的要求相互妥协的结果。因此，确定作为刑法客体的“特定陆路交通秩序”不仅需统计该类违反陆路交通秩序的驾驶行为造成重大交通事故的总量，还需估算该类驾驶行为发生事故的比例。我国刑法中规定的醉酒驾驶行为、情节恶劣的追逐竞驶、严重超员超速的驾驶以及危及公共安全的违规运输危化品的驾驶行为导致重大交通事故在交通领域频发，且其发生重大交通事故的比例也较大，刑法因此介入对该行为的规制，故该四类驾驶行为所侵犯的相应陆路交通秩序应为刑法保护的“特定陆路交通秩序”，该“特定陆路交通秩序”当然也是醉酒型危险驾驶罪以及“双超”型危险驾驶罪的犯罪客体。

综上，我国危险驾驶罪的犯罪客体应聚焦于陆路交通领域，陆路交通安全是竞驶型危险驾驶罪的犯罪客体。但其不宜作为醉酒型危险驾驶罪与“双超”型危险驾驶罪的犯罪客体，而陆路交通秩序中的大部分交通秩序也不宜作为醉酒型危险驾驶罪与“双超”型危险驾驶罪的犯罪客体，只有规定不得醉酒驾驶与不得严重超员超速驾驶的特定陆路交通秩序才得作为其客体。因此，竞驶型危险驾驶罪与危化型危险驾驶罪的犯罪客体应表述为“陆路交通安全”，而醉酒型危险驾驶罪与“双超”型危险驾驶的犯罪客体应表述为“特定陆路交通秩序”。

第二节　危险驾驶罪的客观方面

危险驾驶罪的客观方面包括“醉酒”、“驾驶”、“机动车”、“追逐竞驶”、“道路”、“严重超过额定乘员”、“严重超过规定时速”与“危险化学品安全管理规定”等要素。在这些客观方面，“机动车”的认定都存在国家明确标准，“驾驶”即操纵机动车作为陆路交通工具的行为，“危险化学品安全管理规定”是指现有的危险化学品安全管理法律法规与规章，以上几个客观方面都少有疑难，故本书将有限的篇幅集中在对本罪犯罪客观方面争议较大的“道路”、“醉酒”、“追逐竞驶”以及“严重超过额定乘员”、“严重超过规定时速”的研究上，有关追逐竞驶“情节恶劣”以及违规运输危化品的“危及公共安全”要素认定的研究本书拟调整到司法认定中。

一、本罪“道路”的认定

（一）学界共识：《道交法》界定“道路”的理解

在道路上行驶是危险驾驶罪客观构成要件的重要组成部分，是否在道路上行驶关系到本罪的适用范围，更直接影响到本罪认定时罪与非罪的区分，判断驾驶行为是否在“道路”上行驶常常成为认定危险驾驶罪的“瓶颈”。然而，学界对本罪中“道路”的界定说法各异，且界定“道路”的各派观点大都点到即止，并没有相关成果对其深入研究。

综观现有对危险驾驶罪的研究成果，虽然对“道路”的界定说法不一，但学界的分歧主要集中在除《道交法》“界定”的道路之外，危险驾驶罪中的“道路”是否还应包括其他情形，而对于将《道交法》中界定的“道路”同样作为本罪中“道路”的内涵，学界一律持肯定的态度，这也得到《关于办理醉酒驾驶机动车刑事案件适用法律若干问题的意见》的支持，其第1条明确规定，“道路”适用道路交通安全法的有关规定。本书也不反对将《道交法》的“道路”作为本罪“道路”的内涵之一。负责法律起草部门的工作人员对本罪中“道路”的解释为：“道路”，根据《道交法》第119条规定，是指公路、城市道路和虽在单位管辖范围但允许社会机动车通行的地方，包括广场、公共停车场等用于公众通行的场所。① 但学者们对《道交法》中“道路”的研究大都在此戛然而止，其原因也许是有关《道交法》中“道路”的理解本应是行政法的研究领域，危险驾驶罪中规定的“道路”可以直接借用行政法的“道路”概念。但如今行政法的研究成果中也没有对“道路”的深入探讨，这直接影响了刑法中危险驾驶罪的研究。

根据《城市道路管理条例》，“城市道路”，是指城市供车辆、行人通行的，具备一定技术条件的道路、桥梁及其附属设施。城市道路需要满足三个条件：第一，位于城市之内，既包括县城，也包括设区市的各区。第二，该道路不属于单位管辖，可供社会

① 王立主编：《中华人民共和国道路交通安全法实施条例释义》，法律出版社2004年版，第72页。

机动车辆通行，若为单位管辖范围内，则由单位负责其交通秩序，不属于城市道路。第三，可供机动车、行人通行，其既包括仅供机动车通行的道路如高架桥，还包括机动车、行人均可通行的道路。需特别注意的是，仅供自然人或非机动车通行的道路如步行街和甬道并不包括在城市道路的范围之内，因为仅供行人或非机动车通行的区域不存在“交通”，当然也不会有交通秩序，因此不属于《道交法》中所指的城市道路。

《道交法》第119条中“包括广场、公共停车场等用于公众通行的场所”，应理解为对“道路”的特别列举，其仍应属于“公路”、“城市道路”或“虽在单位管辖范围但允许社会机动车通行的地方”的情形之一，这里的“公众通行”仍需具备公共交通的内涵，不应包括仅提供给自然人或非机动车通行。有学者指出“广场”包括“专供公众集会、游憩、步行的场地”[①]。本书认为，这里的广场仍需要发挥作为“道路”的交通功能才能作为道路，专供个人或非机动车通行的广场未体现其交通功能，故不得算入。此处的“广场”必须是在管理上允许社会机动车通行的广场，一般为公路或城市道路的一部分，如交通广场。此处的“公共停车场”既包括不在单位管辖内但属于规划中公路或城市道路一部分的停车场，也包括虽在单位管辖范围内但允许社会车辆停放的停车场。有关《道交法》中“道路”较为疑难的是“公路”及“单位管辖范围但允许社会机动车通行的地方”等的理解，本书拟在下文详细探讨。

---

① 王立主编：《中华人民共和国道路交通安全法实施条例释义》，法律出版社2004年版，第4页。

1. “公路”的理解

“公路”的涵义应以《公路法》为主要依据。本书认为，“公路”应理解为全国公路路网中通达各区域并达到相应技术标准的路段。被称为“公路”的路段必须满足两个条件：其一，只有规划在公路路网中的路段才能称之为公路，这是为规范公路的建设和管理设置的条件。根据《公路法》有关公路规划的规定，公路路网中每类公路的建设都需要纳入公路规划，报县级以上人民政府或交通主管部门批准、备案。可见，公路的规划和建设都需经过法定程序，国家公路路网中的公路是固定的。其二，必须达到技术等级标准的路段才能称之为公路，这是为公路满足相应机动车通行速度和通行流量要求设置的条件。公路按技术等级分为五类，包括高速公路和一至四级公路，公路网中的公路不得低于四级公路的技术标准。

根据《公路法》第6条的规定，“公路”按公路路网中的地位分为国道、省道、县道和乡道，为突出公路的性质，本书中拟将其分别称为“国家公路”、“省级公路”、“县级公路”、“乡镇公路”，国家公路是连接各省的公路，省级公路是连接各区县的公路，县级公路是连接各乡镇的公路，乡镇公路是连接各村的公路。在“公路”的认定中，村镇街道、农村路段尚存在模糊之处。村镇街道不属于公路，虽然其建设标准可能在四级公路的标准之上，但其建设是在集镇规划的范围内的，并未规划在全国公路路网中建设，故其不属于公路。

农村的路段的称谓比较混乱，有学者直接将其统称为农村道路，还有学者将其概称为乡间道路，因为《道交法》中的道路有明确含义，位于农村的路段，除非其为公路，否则就不能称之为“道路”，因此将农村路段概称为“××道路”的做法欠妥。本书认为，农村的路段能称之为“道路”的仅有具备四级以上技术标准的公路，其既包括新建的农村公路，也包括原属低等级公路经维护后达到四级以上技术标准的农村公路。有实务部门工作人员曾指出，“在某村石子路上醉酒驾驶机动车，经交通管理部门鉴定后，该石子路属于乡村道路，符合危险驾驶罪的构成要件。”[①] 其说法有几个不妥之处：

其一，农村的石子路要认定为“道路”，其唯一的可能是作为农村公路存在，并非所谓一般所指的“乡村道路”就是《道交法》中的“道路”。农村公路同样须符合“公路”的两个条件，即纳入全国公路路网并达到四级以上技术标准。有一些虽然连接各村组甚至各行政村的老路，但其被其他新修的公路替代，被废弃或未经修缮从而达不到四级公路以上标准，故也不算公路。

其二，经交通管理部门鉴定并不是农村路段成为“道路”的依据，《农村公路管理养护体制改革方案》指出，“农村公路是全国公路网的有机组成部分”，全国公路路网是有明确范围的，若在规划时未作为四级以上公路标准建设的农村路段，即使事后交通管理部门鉴定为“乡村道路”也不能认定为公路。实际上，某些农村路段的建设标准明显低于四级公路的标准，如田间小路、泥土路。根据《公路技术标准》，四级公路的最低要求是单车道4.5米路基，3.5米路宽，1米路肩，并设置不小于6.5米宽路基的错车道，路面一般为水泥、沥青路面，最低采用砂石路面。当通过经验判断该农村路段四级公路标准相差不大或略高于该标准，方需要去交通管理部门查证该路段是否纳入了全国公路路网。

---

① 郑冰、秦健：《危险驾驶案中的“道路”认定》，载《江苏法制报》2013年1月28日第6版。

因此，“公路”指全国公路路网中通达各区域并达到相应技术标准的路段。其具体范围包括国家公路、省级公路、县级公路、乡镇公路、农村公路，同时，公路上的公路桥梁、公路隧道、公路渡口、公路码头也是按照《公路工程技术标准》修建的，属于公路的一部分，也应认定为公路。而田间小道、泥土路、机耕道、石子路、未达四级标准的砂石路均不属于公路，不能称之为农村“道路”，本书拟将其统称为“村镇小路”，以标示与“道路”的区别。另外，城市及村镇街道也不属于公路。

2. “虽在单位管辖范围但允许社会机动车通行的地方”的理解

所谓“单位管辖范围”，是指在该单位有权负责管理单位内路段的部分交通秩序。其中“单位管辖”其与民法上所指的“公司”、“法人”等概念不完全一致，其必须满足以下条件：其一，该单位管辖范围内有可供机动车通行的路段，这是存在交通的前提，该条件排除了没有实际办公场所的单位和办公场所限于写字间等无路段可供管辖的单位。其二，该单位必须配备了相应的管理人员，具有管理单位内交通秩序的基本条件。单位对其管辖范围内交通秩序的维护本不是单位的职责，交通秩序本由交通管理部门来维护，只不过该单位配备了相应的管理人员，具备一定的交通秩序管理能力，交通管理部门基于管理成本及行政资源有效分配的考虑，于是将该单位内交通秩序的维持权下放给该单位管辖。但这并不意味着其内的交通秩序由单位全权负责，对于严重违反交通秩序而超出了单位管辖能力的，仍由交通管理部门负责。该条件排除了没有交通管辖能力的单位，如单位内虽有可供机动车通行的路段，但该单位没有配备任何人员对该路段进行管理，这部分交通秩序仍应由交通管理部门维持。其三，该单位的管辖只能是本单位住所所在区域的具体管辖。如一级行政机关（省、县、乡人民政府）、村委会，其对本区域内的秩序有普遍的管理权，各级交通管理部门对本区域的交通秩序也有普遍的管理权，如果将这些普遍管理的管辖作为单位管辖范围便失之过宽。故此处的“管辖”并不是指该单位的职权范围，而只能是指该单位对其住址所处区域的范围内交通秩序的管辖，如政府机关对其机关大院交通秩序的管辖。

有关“允许社会机动车通行”，有许多学者提出“相对封闭”的概念，认为虽然允许社会机动车通行但主要供本单位车辆通行的区域属于“相对封闭”的区域，不属于此处“允许社会机动车通行”的区域。例如，有关卢某醉酒驾驶奔驰轿车在厦门大学校园内横冲直撞的案例，此处大学校园是否属于“虽在单位管辖范围但允许社会机动车通行的地方”成为学者争议的焦点，有学者认为，“不能简单地将校园与码头、广场、公众停车场等同视之，我国的校园通常是一个相对封闭的区域，是供学生、教师和其他人员学习、生活和工作的地方，并不属于公共交通管理的范围。”[①]该学者否认校园与码头、广场、公共停车场的共性，以否认校园不属于此处规定的“单位管辖内允许社会机动车通行的地方”为论据，但需要注意的是，码头多属于公路的性质，不属于某单位管辖，而广场、公共停车场都是规划在道路用地内，属于公路或者城市道路的一部分，为公共区域，也不属于单位管辖，故校园与上述区域的区别对其是否属于“单位管辖内但允许社会机动车通行的地方”没有意义。本书认为，此处“允许社会机动车通行”

---

① 谢望原、何龙：《“醉酒型”危险驾驶罪若干问题探究》，载《法商研究》2013年第4期。

既然前提是在“单位管辖范围内”，当然是以本单位的机动车通行为主，自然属于上述学者提出的主要供本单位车辆通行的“相对封闭”区域，故“相对封闭”并不是否认“允许社会机动车通行”的前提。与“相对封闭”对应的“绝对封闭”也是不存在的，如每个单位不可能完全限定本单位的车进出，如当社会车辆为该单位运送大型物资时，当然要允许其进入本单位的路段。

理解“允许社会机动车通行的地方”还是需要从该条立法的目的出发，《道交法》中规定的“道路”，属于公共交通的一部分，其具备一定技术标准从而成为《道交法》维护陆上交通秩序的主要对象。此处“允许社会机动车通行”的深层次原因即在该单位管辖内的路段具有公共性，仍然属于公共交通的一部分，虽然其主要通行的车辆是本单位车辆，但只要该单位内的路段允许社会机动车通行，该路段便具有公共交通要求的公共性。那么怎么理解其中的“允许”，进入某单位路段如果需要收取管理费才能放行，或者必须经过登记才能进入，是“允许”抑或“不允许”？本书认为，“允许通行”并不是说不设置任何进入限制，判断“允许通行”的标准应是该单位未设定依托于本单位成员资格的准入限制。例如，某些单位一般只供本单位车辆进入，其他社会车辆想进入该单位必须通过该单位成员向入口处保卫人员电话确认，借助该单位成员的成员资格才能进入该单位，以利用该单位的路段或停车区位，这样的单位才不具备公共性，不属于公共交通的一部分。故只要未设置依托于本单位成员资格的准入限制的单位管辖路段，均具备公共交通的属性，属于“允许社会机动车通行的地方”。例如，大部分的大学校园、厂矿、景区及大型商场管辖的停车场。

（二）“道路”界定的争议及评析

学界对《道交法》中“道路”的范围纳入危险驾驶罪客观构成要件中的“道路”争议甚少，但在《道交法》规定的“道路”之外，还存在许多可供通行的路段。《道交法》规定的“道路”之外的路段包括以下几类：（1）村镇街道，即村镇中未纳入公路网，但具备一定技术标准，可供机动车通行的路段；（2）封闭单位的路段，即只能依托于本单位成员资格进入的单位路段，这些路段往往都处于管理严格的单位，如中小学校园、政府机关大院、高级住宅小区等；（3）只供自然人通行的路段，如大学校园内学生教学楼、公寓楼下特别设置阻拦设施的路段，步行街，步行广场，城市、村镇、单位楼房之间的甬道等，这些路段之所以仅允许自然人及非机动车通行，有时甚至仅允许自然人通行，是因为其中人流密度太大，作为交通的用途风险过高；（4）村镇小路，即农村和乡镇中除乡镇公路、村公路、村镇街道之外的路段，如机耕道、田间小道、泥土路；（5）不供通行的路段，如正在修建的未开通的公路；（6）私人专属区域，如私人别墅、私人小院、私人车库、私人车库等。

学界对《道交法》规定“道路”之外的以上路段，大致存在四种态度：其一，狭义说，该说认为本罪的“道路”应与《道交法》中规定的“道路”完全一致。有学者认为本罪属于危害公共安全类的犯罪，应受犯罪客体性质的制约；① 还有学者认为非公共道路并非公共产品，一般情况下不对社会公众开放和使用，危险

① 参见王志祥、敦宁：《危险驾驶罪探析》，载《中国刑事法杂志》2011 年第 7 期。

驾驶罪的成立应当符合保护的其法益即公共安全的目的。[①] 负责起草《刑法修正案八》的立法机关工作人员也持此说。[②] 其二，中立说，该说关注“道路”的公共交通属性，认为只要是客观上开放给不特定机动车行驶的场所都可以归为“道路”，例如，有学者认为客观上开放的场所，能由不特定车辆或行人自由通行的就可归为“道路”。[③] 例如有司法人员认为，构成本罪必须具有危及公共安全的危险性，如私人车库、人迹罕至的荒漠、草原、森林等公众很少或不可能涉足的特定空间，就不宜认定为刑法上的“道路”，而城市道路、小区道路、厂矿道路、林区道路及乡村道路等狭义上的“道路”以及广场、公共停车场开车区域等，都可以纳入刑法上的“道路”范畴。[④] 其三，广义说，该说关注危险驾驶行为的危险属性，认为供不特定人、车等使用的可通行路段都可归为“道路”，仅排除私人专属区域的路段。例如，有学者提出高校是人员密集的场所，在校园内追逐竞驶威胁较之公路更大。[⑤] 其四，最广义说，该说关注道路的功能属性，将“道路”解释为任

---

① 参见李飞：《危险驾驶罪的几个争议问题》，载《绵阳师范学院学报》2011 年第 12 期。

② 参见全国人大常委会法制工作委员会刑法室编：《〈中华人民共和国刑法修正案（八）〉条文说明、立法理由及相关规定》，北京大学出版社 2011 年版，第 72 页。

③ 冯军：《论〈刑法〉第 133 条之 1 的规范目的及其适用》，载《中国法学》2011 年第 5 期。

④ 参见〔2011〕穗海法刑初字第 454 号刑事判决书。

⑤ 参见莫洪宪、杨文博：《刑法修正案（八）“危险驾驶罪”之具体认定》，载《检察日报》2011 年 3 月 14 日第 3 版。持此说的代表性学者还有黄娜博士等。参见黄娜、刘东根：《论危险驾驶罪的理解与适用》，载《中国人民公安大学学报》（社会科学版）2011 年第 3 期。

何可供通行路段。例如，有学者提出，既然《刑法修正案八》有关危险驾驶罪无“公共交通”的限制，为利于打击危险驾驶行为，本罪“道路”不应有场所的限制。①

狭义说将本罪的“道路”与《道交法》中的“道路”完全等同是值得商榷的。其中最重要的原因是将本罪的“道路”只有超出《道交法》中“道路”涵义的范围才能达到刑法与《道交法》的协调要求。如此多学者支持狭义说，主要原因也许是因为《刑法修正案八》中使用的“道路”一词与《道交法》一模一样，《道交法》的规范形式又是和刑法同一位阶的法律，且《道交法》所规范的行为与危险驾驶罪规范的行为都属于驾驶行为，规范目的上存在共性。然而，大部分学者都没有注意到，《道交法》中对规定的“道路”所承担的功能与本罪中规定的“道路”所承担的功能存在重大区别：《道交法》中“道路”的范围只是作为其规范陆路交通秩序的重要部分而不是全部，但本罪中规定的“道路”所涵盖的却是全部的陆路交通秩序。《道交法》限定“道路”的范围，只在于“道路”一般都具有通行便利的特征，总体上道路行驶的交通风险更高，从而需要对道路上行驶规定更加严格的要求，更加细致的规范。然而，《道交法》规范的陆路交通秩序并不只是道路上的交通秩序，这从《道交法》的规范模式上可以清晰看出，《道交法》上有许多要求是只针对上道路行驶的，如驾驶的机动车上道路行驶前需要经过挂车牌、驾驶拼装的机动车不得上道路行驶。但《道交法》中也存在一些不要求是否在道路上行驶的驾驶

---

① 参见陈春娥：《论危险驾驶罪的界定及其立法完善》，载《湖北行政学院学报》2012 年第 5 期。持此说的代表性学者还有魏东教授等。参见魏东：《“危险驾驶”适用解释中的两个问题》，载《江西警察学院学报》2011 年第 9 期。

规范。[①]《道交法》对这些特定的驾驶规范要求无论上道路行驶与否都必须遵守，其原因便在于这些驾驶规范对于驾驶风险的防控极其重要，故不限定在“道路”才需遵守，只要驾驶机动车进入陆路交通领域，就必须遵守。危险驾驶罪规范的行为如饮酒驾驶行为无论是否上道路都在《道交法》的规制范围内，新修正的《道交法》规定醉酒驾驶的，应当依法追究刑事责任，《道交法》规定的醉酒驾驶当然包括不在道路上醉酒驾驶的行为，为了保证刑法与《道交法》的衔接，刑法也就必须将该类不在道路上醉酒驾驶的行为入罪，也因此危险驾驶罪中的“道路”不宜限定在《道交法》的“道路”涵义之内。

中立说将危险驾驶罪中“道路”的涵义仅限定在公共交通领域之内也是不合理的。从本书上文阐明的《道交法》的规范目的来看，其规范的某些驾驶行为并不需要在道路上发生，可见，《道交法》维持的陆路交通秩序并不限于公共交通领域，在单位内部的非公共交通领域，《道交法》只是不再提出上道路的驾驶要求，其规定的不上道路也许遵守的驾驶要求，只要该驾驶人的驾驶行为属于交通的范畴，无论是否属于公共交通，都不得违反。而从危险驾驶罪的立法目的来看，危险驾驶罪保护的客体是特定的陆路交通秩序，其不仅不限定在道路上的陆路交通秩序，也不限定在公共的陆路交通秩序。因此，危险驾驶罪中的“道路”应属于陆路交通领域，其也包括非公共交通的其他陆路交通领域。

最广义说将驾驶行为所有可能通行的路段都作为危险驾驶罪

---

① 《道交法》第 49 条规定：“机动车载人不得超过核定的人数，客运机动车不得违反规定载货。”该法第 22 条第 2 款规定：“饮酒、服用国家管制的精神药品或者麻醉药品，或者患有妨碍安全驾驶机动车的疾病，或者过度疲劳影响安全驾驶的，不得驾驶机动车。”

规定的“道路”，其没有认清危险驾驶罪的犯罪客体即陆路交通秩序，某些只发生在私人领域的驾驶行为并不属于交通行为，从而不可能侵犯到陆路交通秩序，将这些领域内发生的非交通的驾驶行为如在自家院落中试车的行为也纳入危险驾驶罪管辖，不符合危险驾驶罪保护陆路交通秩序的立法目的。

（三）对本罪“道路”的理解

本书对危险驾驶罪中“道路”的理解倾向于广义说。从犯罪客体上来看，危险驾驶罪保护的陆路交通秩序并不仅限于《道交法》的“道路”上形成的交通秩序。从与《道交法》的协调来看，危险驾驶罪将客观方面的“道路”作广义的理解方能实现与《道交法》中未上道路醉酒驾驶需追究刑事责任的要求相衔接。那么，除了《道交法》中“道路”的范围，本罪的“道路”至少还应包括村镇街道及封闭单位管辖范围的可供机动车行驶的路段。

1. “陆路”概念的提倡

考察危险驾驶罪立法中在本罪的表述上使用“道路”一词的意图，其本义是为了限定危险驾驶罪的处罚范围，使用“道路”是为了将本罪的范围限定在非水路、航空、铁路的陆路交通，又排除不属于交通的驾驶行为。从本罪的立法目的可探知，对危险驾驶罪处罚范围的限定实属必要，但使用“道路”一词又无意中与《道交法》中所特指的“道路”涵义相混淆，对该罪的司法认定十分不利，故本书提倡将本罪客观方面的“道路”一词以“陆路”替代，以表示本罪的处罚范围除了《道交法》上“道路”上的驾驶行为之外，还有其他路段可以适用本罪。

2. 村镇街道应属于“陆路”的范围

村镇街道既可出现在集镇，也可出现在村组。包括集镇上不属于公路地段，但在集镇建设规划时作为集镇设施的一部分，其与集镇的房屋同时修建或先于其修建。根据《道交法》对“道路”的界定，村镇街道目前尚不属于“道路”的范围，而城市街道作为城市道路的一部分属于“道路”的范围。城市街道之所以成为“道路”的一部分，因为城市街道上人流量大，车流量也大，道路技术标准高因此可供快速通行，同时在城市街道上驾驶机动车的风险也较高。之前，我国的村镇建设还比较落后，村镇中通行条件较好的一般限于穿行于该区域的公路，但如今集镇和部分农村的经济水平发展较快，特别是集镇街道的建设更加完善，在集镇街道上通行的状况已和城市差别不大，其交通风险程度也逐渐提高，因此，集镇街道上的驾驶行为需要按照城市道路的标准规范，当然在集镇街道上的危险驾驶行为也应以危险驾驶罪论处。

村组街道一般出现在经济发展较好且人口较多的村组，村组大都通行了公路，有些房屋靠着公路两旁建成，该路段属于公路的部分而不能作为街道。但在规模较大的村组，可能出现与公路交叉的水泥街道，这些路段都可以直接通行机动车，将发展成熟的村组街道作为“道路”的一部分也是必然的趋势。另外，村组中有许多较大的公共区域如禾场，其通行条件好，人员聚集多，特别有许多孩童在该公共区域玩耍，该区域同时允许通行机动车，在该区域醉酒驾驶机动车的行为违反了陆路交通秩序，也对交通安全造成很大的危险，符合危险驾驶罪的构罪条件，故该区域也应属于危险驾驶罪中“陆路”的范围。

3. 封闭单位管辖范围内可供机动车行驶的路段应属于“陆路”的范围

所谓封闭单位管辖的路段，指的是只能依托本单位成员资格进入的单位路段。在该路段中的交通不属于公共交通范围，且该路段中的交通秩序主要由该单位维护，《道交法》也将其排除出

“道路”的范围之外，故有许多学者主张将该路段不应作为危险驾驶罪中的“陆路”，在其上发生的醉酒驾驶等危险驾驶行为排除出危险驾驶罪。例如，有学者指出，就公共管理角度而言，非公共道路并非公共产品，其使用、管理、使用对象都受到严格限制。[①]还有学者指出，不具有公众通行特点的道路，其秩序由所在单位负责，公安交通部门没有义务维持这些区域的交通秩序。[②] 不可否认，封闭单位管辖的路段中交通秩序主要由该单位维护，其上也不存在公共交通，但是，本单位对其管辖范围交通秩序的管理职责是有限的，且对某些不需上道路的驾驶行为的管理权交通管理部门并没有让渡给单位。单位对交通秩序的维持及违规行为的处罚只有很小的权限，其管理手段更多的是提醒和警告，并不享有行政处罚权。因此，本单位对单位内交通秩序的管理措施非常有限，并不足以单独阻止重大违法驾驶行为的发生。而从交通管理部门将交通秩序的部分管理职责让渡给该单位的理由来看，其对本单位的管理更加方便，交通管理部门为了行政资源的节约而将部分管理权让渡给该单位，从《道交法》上来看，许多上道路才构成违法的驾驶行为，交通管理部门并不予干涉。但部分不需上道路就构成违法的驾驶行为，其并未将对该行为的管理权让渡给该单位，况且单位本身的管理能力难以遏制这些驾驶行为造成更大的损害，故这些行为只能由交通管理部门以行政处罚甚至诉诸刑罚处罚才能有效规制。

另外，虽然单位内不供社会机动车行驶的路段非公共产品，

---

① 李飞：《危险驾驶罪的几个争议问题》，载《绵阳师范学院学报》2011 年第 12 期。

② 黄娜、刘东根：《论危险驾驶罪的理解与适用》，载《中国人民公安大学学报》（社会科学版）2011 年第 3 期。

但危险驾驶罪所保护的客体是特定的陆路交通秩序，其并不在乎该交通秩序是否是公共交通，只要驾驶行为违反了本罪保护的特定陆路交通秩序，即成为本罪介入的理由，况且在封闭单位内部危险驾驶的行为，对交通安全造成的威胁并不会比公路上小，而由于单位本身没有能力和处罚权限对这些行为进行管理，无法控制该行为带来的危险。再者，将封闭单位管辖范围内供社会机动车行驶的路段纳入本罪“陆路”的范围在实践上也是行得通的。由于单位内部存在本单位的管理人员负责一般交通秩序的维持，实践中可以通过加强本单位工作人员和交通管理部门的配合，实现对本罪规范的危险驾驶行为及时、有效的打击。

4. 只供自然人通行的路段在特殊情形下可属于“陆路”的范围

只供自然人通行的路段如甬道、步行街、步行广场，虽然不是“道路”，其也不存在交通秩序，通常理解上不应属于危险驾驶罪“陆路”的范围。但这些路段往往人流量特别大，若在该路段进行危险驾驶的行为对公众安全的威胁极大，其社会危害性比在公路上危险驾驶的行为要大得多。危险驾驶罪对步行街等区域尚未发生实害的危险驾驶行为必须予以规制，当危险驾驶行为人从公路或其他道路上闯入附近的步行街时，可以其在公路上就存在危险驾驶行为为由将其作为危险驾驶罪处理。

但是，在某些特殊情形下，若将只供自然人通行的路段排除在本罪“陆路”的范围，将产生刑事立法的遗漏。这种遗漏可能出现在如下情形中：当危险驾驶人在只供自然人通行的路段启动机动车，尚未离开该路段时便停止；或者驾驶人闯入该路段后才喝酒或追逐竞驶，万幸未造成实害。当出现以上情形时，司法实践中就必须将该路段作为“陆路”理解，方能实现对该类极其严重的危险驾驶行为的处罚。

5. 不宜纳入“陆路”范围的路段

村镇小路如泥土路、石子路、机耕道等不宜纳入“陆路”范围，村镇小路虽然属于公共交通的范围，且在该路上也有发生交通事故的可能。但出于现实的考虑，村镇小路不宜纳入本罪“陆路”的范围：其一，我国分配到村镇小路的警力严重不足，据2010年《国务院关于加强道路交通安全管理工作情况的报告》显示，到2009年底，全国农村公路达333.6万公里，但管理农村公路的警力只有2.1万人，人均管理近160公里。农村公路的警力尚且如此紧张，更谈不上村镇小路了。若将村镇小路纳入“陆路”的范围，由于警力的不足将造成选择性执法的后果，反而产生不公。其二，农村的驾驶人违法性意识更弱，饮酒作为中国几千年的传统，全国各地都非常普遍，而农村的驾驶人对醉酒驾车就构成犯罪的认识不如城市公民的认识深刻，对其在村镇小路上危险驾驶的行为进行处罚的效果也不好。其三，村镇小路的建设标准一般较低，在其上行驶的速度比公路上要小，故其危险性也有限。综合上述因素，村镇小路不宜纳入“陆路”范围，在村镇小路上危险驾驶的行为只宜处以行政处罚，当其符合交通肇事罪时以该罪处理。

不供通行的路段如正在修建的未开通公路不宜纳入“陆路”的范围。不供通行的路段没有承担道路的交通功能，在该路段驾驶不会侵犯到本罪的客体即陆路交通秩序，且不供通行的路段上人车稀少，在该路段上危险驾驶造成的风险也不大。同样，私人专属区域如私人别墅及私人车库中危险驾驶也不属于交通行为，不会侵犯到陆路交通秩序，而且在私人专属区域个人自由的范围应该更大，其危险性也有限。

二、“醉酒”的认定

依我国刑法规定，醉酒型危险驾驶罪的客观构成要件为“醉酒驾驶机动车”，其中“醉酒”的认定是本罪的关键。刑法中并未明确醉酒的标准，目前为立法机关默认并被司法机关广泛采用的是《车辆驾驶人员血液、呼气酒精含量阈值与检验》（以下简称《酒精阈值》）中确定的醉酒标准，即血液中酒精含量大于或等于80mg/100ml的即可认定为醉酒驾驶。该标准为绝对标准，只要血液中酒精含量达到该值，即不允许提出反证证明自己并未醉酒。[①]目前80mg/100ml的绝对标准被实务认可，但学界对“醉酒”标准的认定存在较多争议，有多数学者支持绝对标准，也有一些学者认为需要辅以行为人身体测试才能认定为醉酒。本书主张，现阶段醉酒的认定标准宜采用80mg/100ml的绝对标准，再下一步该罪的修正时需在提高本罪法定刑的同时，增设醉酒认定的相对标准即以达到血液酒精含量的阈值为基础，再辅以人体平衡试验以证明其是否达到醉酒的状态。

（一）现阶段宜坚持绝对标准

采用80mg/100ml为学界主流观点，但也有学者认为现阶段醉酒认定采用绝对标准并不科学，依现行德国法律规定，德国醉酒驾驶罪中醉酒的绝对标准为110mg/100ml，相对标准为30mg/100ml，当达到30mg/100ml不足110mg/100ml时，辅以具体驾驶能力的测试认定是否属于醉酒，其指出如果肯定德国标准是准确

---

① 参见张丽卿：《酒测0.91毫克竟也无罪》，载《月旦法学杂志》2012年第2期。

的，我国的标准会出现扩大打击面而产生处罚漏洞的缺陷。[①] 本书认为，我国醉酒认定采取的80mg/100ml 绝对标准并不会扩大打击面，该学者的前提是德国标准是准确的，应以 110mg/100ml 为绝对标准，但德国的标准并不一定准确，世界范围内也并未统一适用德国标准，即使承认其为准确的，因各国民众体质的区别，德国标准也不一定适合中国的民众。[②] 且我国采用 80mg/100ml 作为绝对标准所对应的法定刑很低，仅为拘役并处罚金，并不会导致处刑过严。

而 80mg/100ml 的绝对标准被学者诟病将造成处罚漏洞的缺陷，本书认为并不足以成为否定现阶段将其作为醉酒认定标准的理由。我国醉酒驾驶入刑不久，司法机关还没有足够的追诉、审判经验，确定绝对标准有利于实务部门对刑法的执行，若入刑伊始便采用相对标准，易引发本罪司法适用的混乱，刑罚适用上产生处刑不公。且我国《道交法》中已有相应规定对 20mg/100ml 的酒后驾驶行为进行行政处罚，虽较刑罚轻很多，但至少说明血液中酒精含量达 20mg/100ml 仍被法律所禁止。按域外醉酒驾驶犯罪实施效果的经验，现阶段我国采用该绝对标准且处刑较轻，长久后容易引起民众的懈怠，达不到醉驾入刑的社会效果。未来的几年后，我国也应提高危险驾驶罪的刑罚力度，而现阶段应着力探索醉酒驾驶处罚幅度的确定、酒精含量检测方法的完善及本罪追诉的规范指引等，为应对将来提高本罪法定刑后对个体正义的考

---

① 参见陈珊珊：《论醉驾型危险驾驶罪的客观构成要件》，载《福建江夏学院学报》2013 年第 3 期。

② 有台湾地区学者指出，寒带地区的德国人对酒精的容忍程度应该超过亚热带的台湾人，采用德国标准作为不能安全驾驶的标准存在问题。参见林东茂：《刑法综览》，中国人民大学出版社 2009 年版，第 256 页。

验做好充分的准备。因此，与其说现阶段坚持 80mg/100ml 的绝对标准留下处罚漏洞，不如认为这是我国醉驾入刑伊始为保障人权及个体正义的权宜之计。

（二）不宜排斥相对标准的运用

学界对醉酒认定的相对标准存在诸多质疑，如有学者认为刑法应以行政法为前提，违反了刑法确认的行政法规相关规定即达到行政法规定的醉酒标准，便达到入刑的条件。因行政法规只规定了醉酒认定的绝对标准，故刑法中的醉酒标准也必须为绝对标准。① 还有学者认为采用相对标准是在刑法条文之外考虑具体情节来决定是否入罪。② 但本书认为上述学者排斥相对标准适用的理由尚不充分，主要体现在两方面：一方面，承认《酒精阀值》作为判断醉酒的法律依据，并不必然排斥相对标准的适用。刑法作为其他法律的后盾及保障，有独立的地位，经过刑法确认的行政法规当然能作为入刑判断的依据，刑法也完全可以独立规定某行为入刑的具体标准。但我国刑法中并未明确确认《酒精阀值》的地位，该国家标准只是历来作为行政处罚认定的依据，直接适用于犯罪的认定尚须法律的明确。目前司法实践中普遍采用 80mg/100ml 的绝对标准，意味其默认了《酒精阀值》的法律效力，但只有在刑事立法中确认醉酒的判断依据《酒精阀值》，其作为认定刑法中醉酒的依据才有充分的理由。而即便援引《酒精阀值》作为认定刑法中的醉酒标准，也不能必然得出只能采用 80mg/100ml 的结论，《酒精阀值》第 6.1 条明确规定，血液中酒精含量未达到第

---

① 参见魏东：《“危险驾驶”适用解释中的两个问题》，载《江西警察学院学报》2011 年第 9 期。

② 参见张建：《“醉驾型”危险驾驶罪的反拨与正源》，载《华东政法大学学报》2011 年第 5 期。

4.1 条规定的饮酒驾驶 20mg/100ml 阀值的，应进行人体平衡试验，可见《酒精阀值》将相对标准运用在饮酒驾驶的判断上，当测得行为人体内有酒精含量但不到 20mg/100ml 的，应辅以人体平衡试验，若不能通过者，仍作为饮酒驾驶予以行政处罚。而刑法中醉酒驾驶的认定若需运用相对标准，只需将《酒精阀值》中相对标准的运用扩大到酒精含量超过 20mg/100ml 但不到 80mg/100ml 的行为人身上，并细化人体平衡试验的项目及判断标准即可。另一方面，相对标准中对行为人驾驶能力的现场测试并非刑法条文之外的具体情节。醉酒的绝对标准与相对标准的差别，仅在证明方式上不同而已。① 以相对标准判断是否构成醉驾，也即结合血液酒精含量和人体平衡试验来判断，血液中酒精含量的检测无疑属于犯罪构成客观要件的判断，人体平衡试验的目的是判断行为人对自己身体和精神的控制能力，也是直接反映测试行为人是否醉酒的检测项目，当然不能视为刑法条文之外的具体情节，而是犯罪构成客观要件的内容。

（三）未来宜增加相对标准

80mg/100ml 的绝对标准只是我国治理醉酒驾驶初步阶段的标准，并不是刑法规制醉酒驾驶行为始终要坚持不变的标准。醉酒驾驶要进入更深层次的治理必须在将来增加醉酒认定的相对标准。本书主张未来危险驾驶罪中醉酒的认定需增加相对标准，是基于犯罪圈扩大的必然结果及借鉴世界范围的普遍做法。

---

① 台湾地区学者蔡圣伟认为，台湾地区的“绝对不能安全驾驶”与“相对不能安全驾驶”的差别，仅在于证明方式的不同而已。参见蔡圣伟：《醉不上道——论危险驾驶罪与肇事逃逸罪》，载《月旦法学教室》2007 年第 9 期。

1. 增加相对标准是危险驾驶犯罪圈扩大的必然结果

我国现阶段认定醉酒驾驶只采用绝对标准，相应地犯罪圈也限制在很小的范围内，仅将血液酒精含量达80mg/100ml的驾驶者纳入犯罪圈。而我国增设醉酒型危险驾驶罪根本原因在于醉酒后行为人的驾驶能力下降威胁到陆路交通安全，[①] 通过刑罚的威慑可吓阻行为人酒后开车的行为，即通过刑法一般预防功能的发挥追求“以刑去刑”的效果。但现今我国醉酒型危险驾驶罪的犯罪圈只包纳80mg/100ml血液酒精含量的行为人，而许多酒精耐受度偏低，虽未达到80mg/100ml血液酒精含量时仍将对交通安全造成严重威胁的行为人则免受刑法的制裁，造成司法不公的现象，当这些现象在实践中的发生逐渐增多，且醉酒驾驶型危险驾驶罪的处刑又偏低，长久下来很可能出现民众的懈怠及交通运输中危险驾驶行为数量的反弹。

扩大危险驾驶犯罪圈必然要求醉酒的认定增加相对标准。为防止民众懈怠的情绪，更好地发挥刑法的一般预防功能，必然要求刑法对危险驾驶行为打击力度的加大，而扩大危险驾驶犯罪的犯罪圈是加大打击力度的主要途径。具体到抽象危险犯的醉酒型危险驾驶罪上，调低刑法上醉酒的认定标准是扩大本罪犯罪圈的最主要途径。采用绝对标准意味着只要符合该标准便能认定为醉酒，而醉酒驾驶抽象危险犯的性质决定只要符合“陆路上醉酒驾驶机动车”的要件，就得以本罪定罪处刑。本罪通过刑法修正调低醉酒的认定标准时，若仍只采用绝对标准，将加剧刑法不公。当绝对标准处于较高的位阶时，其准确性越高，如血液中酒精含

---

① 参见王强军：《危险驾驶罪的构成特征及司法适用》，载《学术交流》2011年第11期。

量达到160mg/100ml时，能推定行为人达到醉酒状态几乎不存在疑问，但为扩大犯罪圈将绝对标准逐渐调低时，其准确性同样将越来越低，如血液中酒精含量达到50mg/100ml时，推定行为人达到醉酒状态从而无法控制机动车则将备受质疑，若以此为绝对标准认定醉酒驾驶时，将造成过多的认定偏差，过量牺牲个体正义。此时，只有增加相对标准，当行为人达到稍低的血液酒精含量时，辅以规范详尽的人体平衡试验，才能避免扩大犯罪圈时过量牺牲个体正义的现象。

需要注意的是，扩大犯罪圈的同时需保证司法资源的供应，在增加相对标准以扩大危险驾驶罪犯罪圈之前，需要调配好司法资源以做好充足准备。调配处理醉酒型危险驾驶罪的司法资源可以从以下几个方面着手：第一，侦查环节的司法资源调配，规范好查处醉酒型危险驾驶罪的操作流程，配置足够的警力对酒驾进行临检。第二，审查公诉环节的司法资源节约，可通过实践经验的总结，明确某些轻微的具体情节，当行为人涉嫌危险驾驶罪时，若具备这些轻微的情节，可以在追诉环节以酌定不起诉、暂缓起诉等手段终结案件。第三，服刑环节司法资源的节约，由于犯醉酒型危险驾驶罪的罪犯主观恶性并不高，且其刑期比其他罪犯更短，为避免短期自由刑的弊端同时节约司法资源，宜着力研究缓刑在醉酒型危险驾驶罪中的运用模式，也可借鉴日本的集禁处遇，专门设立提供给该类罪犯的服刑场所。

2. 增加相对标准是世界范围的普遍做法

域外大多将醉酒驾驶作为刑法中的危险犯处理，且其认定醉酒的标准多采用绝对标准结合相对标准的做法。德国对醉酒驾驶危险犯的刑法规制中，规定了110mg/100ml的绝对标准和30mg/100ml的相对标准，当行为人驾驶机动车时血液中的酒精含量达到

110mg/100ml 以上时，可以绝对标准直接认定为危险驾驶罪，处 1 年以下自由刑或罚金；当行为人驾驶机动车时血液中酒精含量在 30mg/100ml ~ 110mg/100ml 之间时，若附带其他类似我国人体平衡试验的“情况证据”，如走 S 线，同样可处 1 年以下自由刑或罚金。①

台湾地区对醉酒驾驶危险犯的刑法规制中，规定了 50mg/100ml 的绝对标准和无酒精最低含量要求的相对标准。当驾驶时血液酒精含量达到 50mg/100ml 时，以绝对标准认定为不能安全驾驶罪，处 2 年以下有期徒刑，可并处 20 万新台币以下罚金。当含量未达到 50mg/100ml 时，只要辅以人体平衡试验等证据证明其因饮酒致不能安全驾驶的，以相对标准认定为不能安全驾驶罪，同样可处前述刑罚。

日本对醉酒驾驶危险犯的刑法规制中，规定了 30mg/100ml 的绝对标准和 30mg/100ml 的相对标准，虽然两个标准在血液酒精含量上一致，但采用相对标准既有人体平衡试验证明其属于醉酒状态，对其处刑影响很大，当其驾驶时血液酒精含量达到 30mg/100ml 时，需以绝对标准认定为带酒气驾驶，处 3 年以下惩役或 50 万日元以下罚金；当其达到 30mg/100ml，并通过人体平衡试验证明其因受体内酒精影响无法正常驾驶时，需以相对标准认定为醉酒驾驶，处 5 年以下惩役或 100 万日元以下罚金。②

可见，各国均采取绝对标准和相对标准相结合的方法认定危险驾驶罪中醉酒的标准，且均运用相对标准增强刑法对醉酒驾驶

---

① 参见蔡慧芳：《从危险犯理论论不能安全驾驶罪》，台湾大学法律研究所 2000 年博士论文，第 157 页。

② 参见陈建源：《酒醉驾驶罪及其科学检测之研究》，台湾东吴大学法律学系 2010 年硕士论文，第 21 页。

行为的威慑。其中德国、我国台湾地区是通过运用相对标准扩大犯罪圈以增强威慑，当运用相对标准也能证明行为人不具备安全驾驶能力时，也可认定为醉酒，与达到绝对标准血液酒精含量的行为人施以同样的刑罚；日本是通过运用相对标准提高法定刑上限以增强威慑，当运用相对标准证明行为人不具备安全驾驶能力时，对行为人的刑事处罚比无法充分证明者更重。可见，我国在未来修正醉酒型危险驾驶罪以扩大其犯罪圈时，增加相对标准认定行为人是否符合醉酒的要件，符合世界上运用刑法规制醉酒驾驶行为的普遍做法。

（四）醉酒认定标准的具体确定

醉酒认定标准宜采用绝对标准和相对标准并用的做法，我国现行的绝对标准为80mg/100ml，是否有必要进行调整在学界存在争议，有学者认为应参照德国标准将绝对标准定为110mg/100ml，血液酒精含量在80mg/100ml～110mg/100ml之间的行为人是否认定为醉酒，由警察和检察官根据是否初犯、悔罪情况等确定。[①] 但初犯、悔罪情况等属于量刑时考虑的问题，不应影响到本罪成立，[②] 故不得因该类情节推翻醉酒的认定。本书认为宜保留我国现行80mg/100ml的绝对标准，虽其相比德国更低，但我国民众对酒精的耐受力总体上不如寒带地区的德国民众，[③] 且80mg/100ml的认定标准在我国长期以来沿用，民众对其接受的程度也更高。至

① 参见曲新久：《危险驾驶罪的构成要件及其问题》，载《河北学刊》2012年第1期。

② 参见冯军：《论〈刑法〉第133条之1的规范目的及其适用》，载《中国法学》2011年第5期。

③ 参见陈珊珊：《论醉驾型危险驾驶罪的客观构成要件》，载《福建江夏学院学报》2013年第3期。

于将来强化刑法对醉酒驾驶行为的威慑，可以在保持绝对标准不变的前提下，提高其法定刑。

醉酒的相对标准宜结合我国现行酒后驾驶20mg/100ml血液酒精含量和人体平衡测试来确定。当行为人驾驶时酒精含量达到20mg/100ml即有可能构成犯罪，这样扩大犯罪圈，增强了刑法的威慑。同时，当其酒精含量达到20mg/100ml后，还需辅以人体平衡测试证明行为人驾驶能力存在相当程度的减损才可认定为醉酒，从而受到刑事处罚，否则仍按《道交法》的行政处罚处理，这样可以提高醉酒认定的准确性，保障个体正义。

未来醉酒型危险驾驶罪增加相对标准认定醉酒后，必然较多地采用人体平衡试验，将其从行政处罚的适用依据提升为刑罚的适用，这也要求人体平衡试验更加精确，更加详细。我国《酒精阀值》中规定的人体平衡试验项目仅包括步行回转试验和单腿直立试验，可以参照域外一些做法增加如画同心圆、食指摸鼻尖等测试项目，① 以提高测试的准确性。同时，在操作流程上，可以更精确地制定人体平衡试验评价表，并通过视频将此过程录制，由警察对检测的所有项目一一评分，并经行为人签字确认。需要指出的是，在适用相对标准中，人体平衡试验的证明水平需因行为人血液酒精含量的高低有所区别，血液酒精含量越接近80mg/100ml绝对标准的临界值的，评价表的证明力越强；反之，越远离绝对标准临界值的，评价表的证明力越弱，此时需要行为人在评价表得分很低的条件下，才得以相对标准将其行为认定为醉酒型

① 画同心圆的测试内容为：用笔在两个同心圆之间的0.5公分环状区域画一个圆形；食指摸鼻尖为：双脚并拢，双手平伸，闭眼，轮流用左、右手的食指尖触摸鼻尖。参见陈建源：《酒醉驾驶罪及其科学检测之研究》，台湾东吴大学法律学系2010年硕士论文，第47页。

危险驾驶罪。

（五）逃避酒精含量检测处罚的完善

司法实践中，认定醉酒必须经过酒精检测，但自醉驾入刑以来，我国实践中常常出现拒绝酒精检测以逃避法律制裁的情形，对行为人拒检酒精含量处罚的缺失导致了处罚的漏洞。例如，醉酒驾驶行为人见到在道路上临检的警察后立即驾车逃逸，我国《道交法》第101条只规定了造成交通事故后逃逸的处罚办法，却对警察在陆路上查酒驾临检时，嫌疑车辆的逃逸没有处罚依据，而即使嫌疑人第二天抓获归案，其体内的酒精也早已分解，逃避了刑法的制裁。需要说明的是，行为人已进行呼气检验后再逃离的，不会影响其体内酒精含量的认定。[①]《酒精阀值》第6.1条明确规定，嫌疑人拒检的根据探测器被动探测到的呼气酒精含量作为认定醉酒驾驶的法定依据，行为人血液检测前逃离的并不影响其体内酒精的认定。2013年12月发布的《关于办理醉酒驾驶机动车刑事案件适用法律若干问题的意见》（以下简称《醉酒驾驶意见》）也确认了这一态度。造成误会的原因在于该学者并未注意我国血液酒精含量的检测并不以血液检测为唯一途径，呼气酒精含量检测的结果也可以作为认定醉酒的法定依据，只是依据标准GA307换算成血液酒精含量值来表示罢了。故《道交法》对行为人拒检酒精含量的处罚漏洞只会出现在呼气或血液检测前，特别

① 有学者认为行为人呼气检测后血液检测前逃离的会出现无法认定酒精含量的处罚漏洞，其认为实践中会出现如下情况：有人呼气检测时发现超标后逃离现场，即使其一天后再自首，因体内酒精已分解，抽血检测时酒精含量将低于认定醉驾的酒精含量阀值，按现行法律无法追究其刑事责任。参见陈珊珊：《论醉驾型危险驾驶罪的客观构成要件》，载《福建江夏学院学报》2013年第3期。

是警察拦停嫌疑车辆时逃逸的情形中。

《醉酒驾驶意见》域外在查处酒驾时将行为人拒检酒精含量作为危险驾驶罪从重处罚的情形，但该规定也只在抓获醉酒驾驶行为人后有意义，而对于执法机关采取相关强制措施应对拒检的规定仍然缺失。各国对拒绝配合酒精检测的都有相关的罚则，日本道路交通法规定，不配合执法人员命令停车的，处3个月以下拘役或5万日元以下罚金，台湾地区也有类似规定。[①]《道交法》对拒绝酒精检测应对措施的空缺影响了酒驾行为的查处，有必要参照域外的相关规定，对拒检酒精的行为采取强制措施并予以处罚。具体而言，可以修改《道交法》，对交通警察在醉驾临检时，有醉驾嫌疑的车辆不接受拦停命令而逃逸，且有录像证据证明其驾驶的车辆行驶时成S线等现象具备醉驾可能的，直接移送司法机关，以醉酒驾驶定罪和处刑。

三、"追逐竞驶"的认定

危险驾驶罪设立以来，竞驶型危险驾驶罪和醉酒型危险驾驶罪的司法适用凸显了冰火两重天的态势，竞驶型危险驾驶罪相对后者适用极少，产生这种现象的原因之一在于实践中"醉酒"的认定较为明确，而"追逐竞驶"的认定尚存争议。实务中，常把"追逐竞驶"等同于"飙车"；理论中，有关"追逐竞驶"内涵的理解也未取得一致。如行为人单方面同他人竞驶能否认定为"追逐竞驶"、"追逐竞驶"是否必然有高速或超速的情形等问题存在

---

① 台湾地区"道路交通管理条例"第35条规定：拒绝接受酒精浓度检测的，强制移交检验机构检测，并处6万元罚款，并当场移置保管车辆，吊销驾驶执照。参见陈建源：《酒醉驾驶罪及其科学检测之研究》，台湾东吴大学法律学系2010年硕士论文，第32页。

较大分歧。

（一）"追逐竞驶"不泛指全部违法驾驶行为

有学者认为，本罪中"追逐竞驶"一词是为了概括系列危险驾驶行为，泛指全部交通违章驾驶行为。其理由有两点：一是竞驶型危险驾驶罪打击的不是比、赶、超的竞驶心理，该心理是寻常的心理态度，实践中无法查证行为人与谁在比，且是否有竞驶对象在客观危害上都一样；二是本罪中有"情节恶劣"一词进行限制，将"追逐竞驶"泛指全部违法驾驶行为不会扩大本罪的处罚范围。①

但本书认为，本罪重点关注的恰恰是行为人的竞驶心理，上述学者将"追逐竞驶"泛指全部违法驾驶的理由是靠不住的：其一，竞驶心理并不是驾驶员寻常的心理态度，驾驶机动车的追求在于利用交通工具实现安全、便捷的通行，与他人竞争并不是驾驶员心理的常态。其二，实践中竞驶行为的查证可以通过陆路上摄像头的监控、目击者的举报等方式获取证据，除行为人发生事故或群众举报，查处此类案件还可以联合各相关部门，在追逐竞驶高发路段设卡检查。其三，驾驶时有竞驶心理与否，在客观上的危害程度差异明显。驾驶员在竞驶心理的驱动下，会将注意力集中于与其竞驶的机动车，忽略其他机动车和行为。且竞驶行为的持续性较强，特别是在临时起意的"追逐竞驶"中，竞驶心理随着相互较量驾驶行为的持续而不断发酵，危险性也越来越大，行为人往往在出现交通事故后才不得不罢休。其四，"情节恶劣"本来不易判断，若将"追逐竞驶"泛指为全部违法驾驶行为，仅

① 参见杨向华：《论危险驾驶罪中的"追逐竞驶"》，载《湘潮》2011年第9期。

靠"情节恶劣"限制入罪，将大大增加本罪认定的困难。

本书反对将"追逐竞驶"理解为全部违法驾驶行为，原因有以下几点：第一，将"追逐竞驶"泛指为全部违法驾驶行为违背立法本意。从立法机关关于《中华人民共和国刑法修正案（八）（草案）》的说明来看，[①] 其设立本罪时仅将焦点放在人民群众反响强烈的特定危险驾驶行为，并无将所有违法驾驶行为纳入本罪规制的迹象。第二，将"追逐竞驶"理解为全部违法驾驶行为超出了"追逐竞驶"一词的可能含义，强行作此理解有类推之嫌。违法驾驶行为形态各异，既包括随意超车，还包括不遵守交通信号灯、无证驾驶、超速驾驶等，"追逐竞驶"一词无法涵盖如此多违法驾驶行为。第三，本罪立法模式是具体危险犯，对危险犯的立法应该保持克制，能以行政法规制的危险驾驶行为就不宜借助刑法，能以实害犯规制的就不借助危险犯，显然在全部违法驾驶行为中，只能有少数对社会危害较大的危险驾驶行为能进入本罪的视野。第四，实践中尚未出现过运用竞驶型危险驾驶罪来规制所有违法驾驶行为。本罪设立近3年来，司法中竞驶型危险驾驶罪的适用本来就很少，且综观实务中的案件，以竞驶型危险驾驶罪规制的行为要么是飙车，要么是开斗气车，可见司法机关对竞驶型危险驾驶罪的适用是非常谨慎的。第五，域外刑事立法中也均未将全部违法驾驶行为以危险犯处罚。即使在十分严苛的德国，

---

① 立法机关在关于《中华人民共和国刑法修正案（八）（草案）》的说明中指出，增订危险驾驶罪的初衷在于对一些社会危害严重，人民群众反响强烈的违法行为由刑法调整，本罪主要针对醉酒驾车、飙车等危险驾驶的犯罪。参见中国人大网：《刑法修正案（草案）条文及草案说明》http://www.npc.gov.cn/huiyi/cwh/1116/2010-08/28/content_1593165.htm. 最后访问日期：2016年5月15日。

出现具体危险的前提下以刑罚处罚的也不是全部违法驾驶行为，而是通过刑法条文明确列举的较严重违法驾驶行为。

既然“追逐竞驶”不能泛指为全部违法驾驶行为，就有必要界定清楚什么样的驾驶行为可以认定为“追逐竞驶”，认清其本质属性有助于“追逐竞驶”的界定。

（二）“追逐竞驶”的本质属性之一：竞争性

“追逐竞驶”的法条表述中，“竞”为认定该驾驶行为的核心要素。从词语的发源来看，《中国象形字大典》对该词解释为“竞争”，甲、金文写法“競”确像二人前后行走竞技之状。[①]《现代汉语大词典》中将“竞”解释为争竞、角逐、比赛。[②] 可见“竞”的根本含义在于“竞争”。而“追逐竞驶”的“追逐”表示驾驶的过程，追逐也是为了竞争才发生，其含义包含于“竞”之中。故“追逐竞驶”的核心要素在于“竞”，竞争性为其本质属性。

竞争需要有对象的存在，“追逐竞驶”中的对象应限定为行为人欲与其竞争的特定对象。行为人在行驶过程中频繁地超越其他机动车，若其没有特定竞争的对象，就不能认定为“追逐竞驶”。有学者认为，只要有被超越对象的存在就可以构成“追逐竞驶”。[③] 但如果行为人仅仅在行驶中单纯超越其他机动车，由于没有出现

---

① 熊国英：《中国象形字大典》，天津古籍出版社2012年版，第292页。

② 阮智富、郭忠新编：《现代汉语大词典·下册》，上海辞书出版社2009年版，第2788页。

③ 其认为，只要驾驶者意图使自己的机动车超过其他机动车或行人，而采用违反法规的方法实施且情节恶劣的即可构成“追逐竞驶”。参见莫洪宪、杨文博：《刑法修正案（八）“危险驾驶罪”之具体认定》，载《检察日报》2011年3月14日第3版。

与其竞争的对象，不应认定其具备竞争性。除非行为人在行驶频繁超越其他机动车的过程中出现与其竞争的机动车时，才有可能认定为“追逐竞驶”。

实践中经常碰到超速行驶和追逐竞驶难以区分的困扰，其实，区分两者的关键在于判断行为人行驶过程中是否出现其欲竞争的对象。以下几种情形可以认定为出现竞争的特定对象：某车在被行为人超过之后又反超行为人，行为人又反超，往复多次；或某车别挡行为人，防止行为人超过的；或某车发现行为人想超越自己时，立即加速，想甩开行为人，而行为人也加速紧追且距离较近的。

（三）“追逐竞驶”的本质属性之二：危险性

追逐竞驶作为刑法规制的行为，危险性理应成为其另一本质属性。危险性的判断以其违反交通运输管理法规为前提，正常地赶超对方，甚至形成竞争关系，只要是按交通规则行驶就不构成“追逐竞驶”。例如，在超车之前打转向灯，给对方足够的反应时间，超车时保持足以采取紧急制动措施的安全距离，不和被超机动车长时间并排行驶等，都未以危险的方式竞驶，不宜认定为“追逐竞驶”。竞驶时危险的方式主要表现为违反《道交法》机动车通行有关规定的以下几种行为：超过最高限速超车、反复在无转向灯预示的情形下并线、强闯红灯、在车流中穿插行进、不保持足以采取紧急制动措施的安全距离、行经交通流量大且没有超车条件的路段而超车、占用对面车道超车、过分驶近对方机动车或其他机动车。

（四）“追逐竞驶”与“飙车”的区别

危险驾驶罪在立法的过程中，立法者使用“追逐竞驶”主要指平常所说的“飙车”。[①] 司法实践中，各地常见将“追逐竞驶”与“飙车”等同的现象，[②] 部分律师也直接将“飙车”直接代指已入刑的“追逐竞驶”。[③] 可见，理论和实务中将“追逐竞驶”和“飙车”等同的现象十分普遍，然而，“追逐竞驶”和“飙车”的含义并不相同，将两者等同十分不利于竞驶型危险驾驶罪的准确认定。

《现代汉语大词典》将“飙车”界定为“开车疾驶”，[④]《新词语大词典》将其界定为“驾驶摩托车或赛车等高速行驶，以寻求刺激”，[⑤] 依此观之，“飙车”的本质属性在于为求刺激高速疾驶。其与“追逐竞驶”的本质属性即以危险的方式竞争行驶存在明显的不同，“飙车”和“追逐竞驶”的外延存在交叉关系：一方面，有些飙车行为不属于“追逐竞驶”，“飙车”不一定要求存在竞赛对象，而“追逐竞驶”必须要求有竞争的对象；另一方面，有些追逐竞驶行为不属于“飙车”，“追逐竞驶”是行为人为了与对方

---

① 具体起草《刑法修正案八》的全国人大常委会法制工作委员会刑法室对本罪进行说明时，指出“追逐竞驶”就是平常所说的“飙车”，是指道路上，以同行的其他机动车为竞争目标，追逐行驶。参见全国人大常委会法制工作委员会刑法室编：《〈中华人民共和国刑法修正案（八）〉条文说明、立法理由及相关规定》，北京大学出版社2011年版，第72页。

② 例如，深圳市交警部门列出“飙车”的认定情形，认为危险驾驶罪规制的驾驶行为包括飙车和醉驾，可见将“飙车”代替“追逐竞驶”。参见王攀：《深圳交警重拳整治“飙车”》，载《人民公安报》2012年6月7日第1版。

③ 参见陈宏光：《“飙车”入刑为何遭遇执行难》，载《上海法治报》2012年6月4日第B8版。

④ 阮智富、郭忠新编：《现代汉语大词典·下册》，上海辞书出版社2009年版，第2441页。

⑤ 亢世勇主编：《新词语大词典》，上海辞书出版社2003年版，第211页。

竞争而行驶，其竞争的方式既可以是超速行驶即“飙车”，也可以在车流量大的路段以相对高速行驶，还可以采取别挡、逼停对方的方式行驶，而相对高速、别挡、逼停等都不是“飙车”所能涵盖的。

“追逐竞驶”与“飙车”存在明显区别，本书认为司法实践及学术研究中有必要明确区分“追逐竞驶”和“飙车”，避免以俗称的“飙车”代替立法中“追逐竞驶”的表述，其理由如下：第一，从立法目的上看，竞驶型危险驾驶罪是为了保护陆路交通安全而设立的，将“飙车”代替“追逐竞驶”的表述偏离了本罪的立法目的。采用“飙车”的表述过分突出了超速驾驶的行为，而其不存在特定的竞驶对象，且对单纯的超速驾驶行为处罚必要性较小，[①] 单纯的超速驾驶行为不宜认定为“追逐竞驶”。采用“飙车”的表述也可能将危害性往往较大的其他一些竞驶行为排除在外。例如，为赶超或竞赛频繁变换车道及在车流量大的路段上以相对高速行驶的行为。第二，司法实践中，非飙车型的竞驶行为可以作为本罪的“追逐竞驶”认定。实践中存在将某些明显不属于“飙车”但以危险的方式竞争性行驶的行为认定为“追逐竞驶”的判例，如发生在北京门头沟的某案中，蒋某为别挡王某驾驶的

---

① 参见申纯：《危险驾驶罪立法解读》，载《时代法学》2011 年第 5 期。

本田车，[①] 王某发动汽车驶离不远，蒋某立即追上并将其别翻，该案中将某的行为并不属于“飙车”，只是为将对方拦截别挡而竞争性行驶，北京市门头沟法院也将该起案件以竞驶型危险驾驶罪定罪量刑。实际上，飙车多数发生在人际稀少的郊区道路或深夜的城市道路，而常发生在白天的开斗气车相互别挡的行为较飙车的社会危害性往往较大，其更应受到严厉处罚。

（五）“追逐竞驶”的行为类型

“追逐竞驶”与“飙车”存在区别，其行为类型既包括存在意思联络的两人或以上相约飙车，也包括不存在意思联络的临时起意“追逐竞驶”，其具体行为类型包括三类：其一，相约飙车，该类“追逐竞驶”是因竞赛引起的，行为人的特定竞驶对象为同时参加竞赛的其他机动车。例如，发生在浙江萧山的某案中，夏某和王某相约比试速度，在限速60公里/小时的路段上超过100公里/小时的速度行驶。[②] 其二，临时起意的互相竞驶，该类“追逐竞驶”是因一方挑衅或双方斗气引起的，行为人的特定竞驶对象大多为陌生的机动车，常伴有追逐、别挡的情形。例如，发生在北京密云县的某案中，彭某因侯某驾驶的宝来在红绿灯处别挡了自

---

① 本案中，蒋某驾驶宝马车在新桥大街由北向南行驶中，因怀疑被同向行驶的本田车剐蹭，于是停车后与本田女司机王某发生了口角。王某觉得并未发生剐蹭便驾车离开。蒋某一气之下，高速驾车从王某左侧车道猛追，追出50米左右要超过王某机动车时，蒋某突然向右猛打方向盘并线，致使两车相撞并冲出隔离带。参见李奎：《宝马女首因“竞驶”被判拘役》，http://www.fawan.com/Article/fz/sx/2011/12/03/114248138469.html. 最后访问日期：2016年5月15日。

② 肖菁、董箫乐：《飙车被判危险驾驶罪：浙江首例》，载《钱江晚报》2013年4月23日第9版。

己的桑塔纳，后二人驾车在陆路上高速追逐、相互别挡。[①] 其三，临时起意的单方面同他人竞驶，该类“追逐竞驶”仅存在一方有追逐竞驶行为，另一方正常驾驶。例如，北京门头沟案中蒋某驾驶宝马车拦截别挡王某的本田车，驶近王某本田车时突然变道导致两车相撞。本案中蒋某以拦停为目的，针对王某竞驶，王某并未与蒋某竞驶。[②]

需要注意的是，有学者认为竞驶型危险驾驶罪为必要的共同犯罪，单方面同他人竞驶不得认定为“追逐竞驶”。因竞驶型危险驾驶罪中肯定要存在“追的一方”和“被追的一方”，行为人之间需存在共同犯罪的意思联络和犯罪行为方成立本罪。[③] 对此，有学者反驳道，“被追的一方”被追之后可能并不反追或事先不知道对方追自己，这时“追的一方”也应构成竞驶型危险驾驶罪，故该罪不是必要的共同犯罪。[④] 本书也主张竞驶型危险驾驶罪不是必要的共同犯罪，但上述学者反驳的理由并不充分，对方被追之后并不反超或事先并不知情时，“追的一方”往往缺乏特定的竞驶对象，从而不构成竞驶型危险驾驶罪。本书认为，单方面同他人竞驶的情况下，只要对方是行为人的竞驶对象，且对方的驾驶方式违反了法律法规的规定从而存在危险，就可以认定为单独构成竞

---

① 参见〔2011〕密刑初字第322号判决书。

② 参见李奎：《宝马女首因“竞驶”被判拘役》，http://www.fawan.com/Article/fz/sx/2011/12/03/114248138469.html. 最后访问日期：2016年5月15日。

③ 参见张心向、王强军：《社会风险控制视域下的危险驾驶罪研究》，载《南开学报》（哲学社会科学版）2012年第2期。

④ 参见张骁骁：《追逐竞驶型危险驾驶罪认定中的若干问题》，载《湖北警官学院学报》2013年第6期。

驶型危险驾驶罪。单方面同他人竞驶有以下两种表现形式：一是行为人为超越对方车辆，以危险的驾驶方式与对方竞驶，而对方以规范的驾驶方式与行为人竞驶；二是行为人因某种原因志在拦停或妨碍对方车辆，以危险的驾驶方式逼近对方，而对方并不知情或来不及反应。

综上，“追逐竞驶”应理解为：为竞赛、追逐或拦停其他特定机动车，以反复并线、频繁穿插、不保持安全距离、强闯红灯等违法方式行驶的危险驾驶行为。认定“追逐竞驶”需把握好其以特定机动车为目标的竞争性及以违法方法驾驶的危险性两个本质属性。

四、严重超员超速的认定

《刑法修正案九》规定，在道路上驾驶机动车从事校车业务或者旅客运输，严重超过额定乘员载客，或者严重超过规定时速行驶的，以危险驾驶罪论处。据此，构成“双超”型危险驾驶罪，行为人必须是从事校车业务或者旅客运输，并且严重超过额定乘员或者严重超过规定时速，但何谓“严重”超员超速？这涉及如何协调相关行政法律法规中的有关规定，成为本罪司法认定的重大难题。

对于治理从事校车业务或者旅客运输中超员超速等违法行为，《道交法》与《校车安全条例》等交通行政法规已经做出相对详尽、细致的规定。其中，国务院 2012 年发布的《校车安全条例》对校车载客和行驶速度做出相对严格的要求，条例第 34 条规定，校车载人不得超过核定的人数，不得以任何理由超员。学校和校车服务提供者不得要求校车驾驶人超员、超速驾驶校车。对于违反该规定载人超过核定人数的，条例第 50 条规定由公安机关交通管理部门扣留车辆至违法状态消除，并依照道路交通安全法律法规的规定从重处罚。其第35条则对校车行驶速度予以明确，即载有学生的校车在高速公路上行驶的最高时速不得超过80公里，在其他道路上行驶的最高时速不得超过60公里。道路交通安全法律法规规定或者道路上限速标志、标线标明的最高时速低于前述规定的，从其规定。载有学生的校车在急弯、陡坡、窄路、窄桥以及冰雪、泥泞的道路上行驶，或者遇有雾、雨、雪、沙尘、冰雹等低能见度气象条件时，最高时速不得超过20公里。显然，这是出于对校车行驶安全的需要所作出的专门安排。就从事旅客运输的普通机动车来说，《道交法》也有禁止超员、超速的规定。该法第49条规定："机动车载人不得超过核定的人数，客运机动车不得违反规定载货。"第42条对行驶速度做出规定，即"机动车上道路行驶，不得超过限速标志标明的最高时速。在没有限速标志的路段，应当保持安全车速。夜间行驶或者在容易发生危险的路段行驶，以及遇有沙尘、冰雹、雨、雪、雾、结冰等气象条件时，应当降低行驶速度。"对违反规定超员超速的，该法第92条和第99条分别规定了相应的法律责任，公路客运车辆载客超过额定乘员的，处200元以上500元以下罚款，超过额定乘员20%的，处500元以上2000元以下罚款。机动车行驶超过规定时速50%的，由公安机关交通管理部门处200元以上2000元以下罚款。① 此外，《机动车驾驶证申领和使用规定》也对超员和超速驾驶规定了相应的罚分的处理。

---

① 根据2012年国务院发布的《关于加强道路交通安全工作的意见》，普通道路上驾驶机动车超过规定时速的50%为严重超速，而高速公路上这一标准相应降低，为超过规定时速的20%即可。

应当说，在《刑法修正案九》生效实施之前，对于从事校车业务或者旅客运输超员超速行为，即超过额定乘员的以及超员达到20%以上、超过规定时速的以及超速达到50%以上都只是评价为一般的行政违法行为，对行为人和相关责任人员进行行政处罚。《刑法修正案九》将“双超”型危险驾驶罪限定为“严重”超员超速以后，就涉及如何确定该“严重”的具体程度，以与《道交法》等交通行政法律法规进行区分和衔接，因为严重超员超速的危险驾驶不可能同时属于行政违法行为和犯罪行为。就此而论，严重超员超速的认定在深层次上关乎刑法与行政法之间的具体分工，相应地也决定了“双超”型危险驾驶罪的成立范围，从而决定了刑法规制的范围以及犯罪圈的大小。

从分工范围和功能地位来看，刑法属于“后盾法”、“补充法”，是行政法的“保护法”，通常只有在行政法无法有效抗制某项违法行为或者对某项违法行为进行规制的效果不佳，才需要刑法介入，将该违法行为“升格”为犯罪行为，由刑罚予以惩治。因此，刑法必须与包括行政法在内的其他部门法保持良好的衔接关系。这种衔接既体现在法律规范上的静态衔接，也体现在法律调整范围上的动态平衡。从静态的法律规范上看刑法与行管部门法的关系主要体现在不同法律规范的行为模式和法律后果方面。[①] 但是不论是规范的静态衔接，抑或调整范围的动态平衡，不同部门法所规制的行为样态应该有所区别，这种区别即体现在行为质的不同，也体现为量的差异。

谨以普通客运车辆超员驾驶为例。根据《道交法》前列规定，

---

① 参见赵秉志、袁彬：《刑法与相关部门法关系的调适》，载《法学》2013年第9期。

公路客运车辆载客超过额定乘员的属于行政违法行为，并将其中超过额定乘员20%的情形明确规定为严重的行政违法行为，配备了更严厉的行政处罚。然而，近年来校车和客运车辆超载而引发的严重交通事故频频发生，造成很大的经济损失和恶劣的社会影响。据统计，2011年至2014年，全国发生的道路交通事故中涉及营运客车超员的事故1946起，死亡1289人，受伤6173人。其中，一次死亡10人以上的重特大道路交通事故中，客运车辆超员的占27.2%。[①] 由此可见，单纯用行政法调整从事旅客运输中超员行为的实际效果并不理想，整治超员超载还需要刑法的适当介入。《刑法修正案九》将其中严重超员超速的情形规定为危险驾驶罪，从而实现行政法与刑法共同规制的局面，当然刑法只是着力于严重超员的危险驾驶行为，此种行为具有较高的危险性，可能造成更为严重的事故损害，而普通的超员行为仍属于行政法调整的范围，只需要给予行政处罚即可。但在《道交法》等法律重新修改之前，严重超员的危险驾驶行为还在其调整规制范围之内，也就是说，至少从法律条文的规定来看，严重超员的危险驾驶行为目前既属于行政违法行为，又属于犯罪行为。如何区别行政法调整的超员危险驾驶行为与刑法规制的严重超员危险驾驶行为，是否以超过核定人数的20%为限，将超员低于20%的界定为行政违法行为，而将超过20%的认定为构成危险驾驶罪的犯罪行为，则不无思考的余地。

本书认为，由于“双超”型危险驾驶罪在性质上属于抽象危险犯，“双超”型危险驾驶行为对陆路交通秩序所造成的危险程度

---

① 刘子阳：《权威披露典型危险驾驶行为特点》，载《法制日报》2015年12月2日第4版。

无须司法机关具体审查认定，故而其中“严重”超员超速的具体程度，应当由有关部门出台具体的细化规定予以明确，以指导司法机关正确办案以及保证司法的统一性，这是从根本上解决“严重”程度这一问题的应然之道。然而，在有关部门出台相关规定之前，究竟应该如何把握严重超员超速的具体标准呢?

虽然《刑法修正案九》自 2015 年 11 月 1 日生效已有相当长的时间，但司法机关仍旧缺乏办理此类案件所需之必要经验，因此在现阶段应该从严把握立案标准、慎重确立入罪门槛。作为应急之策，有学者建议：“各地司法机关在办理具体案件时，可参照当地道路交通实际情况以及全国出现的有重大影响的严重超员超速所引发的重特大交通事故案例，将危害性大和情节恶劣的‘双超’的判断，既要考虑严重超员或者超速的绝对值，即人数多少或者速度大小，又要考虑到严重超员或者超速的相对值，即超员和超速所占的实际比例，同时还应当严重考虑严重超员或者超速的路段、时间，在综合考虑评价具体情况后作出妥当判断。”① 应当说，持论者的上述建议是在交通行政法律法规配合《刑法修正案九》实施进行修改之前，不得已却又相对务实的选择。但是，“双超”型危险驾驶罪的抽象危险犯性质并不因为行政法律法规是否作出配套修正就发生变化的。作为抽象危险犯，“双超”型危险驾驶罪的司法认定无需法官个别、具体判断，只要达到相应的严重超员超速的标准即足以定罪论刑，而这个严重超员超速的认定标准理应以《道交法》所确定的超过额定乘员 20% 以及规定时速 50% 为准。当然由于《校车安全条例》对校车行驶提出的要求更

① 郭小亮：《新型危险驾驶罪的理解与适用》，载《江西警察学院学报》2016 年第 1 期。

为严格，上述标准也应相应降低。至于现阶段《道交法》依然对严重超员超速的危险驾驶行为规定了行政处罚的问题，本书认为，可以依照法律冲突解决之上位法优于下位法的规则，在全国人民代表大会通过的《刑法》与全国人民代表大会常务委员会通过的《道路交通安全法》发生冲突时，对于冲突部分的有关规定径直以《刑法》为准。简言之，即对从事校车业务或者旅客运输，超过核定载客人数20%或者超过规定时速50%的行为，不再依据《道交法》进行行政处罚，而追究行为人危险驾驶罪的刑事责任。

第三节　危险驾驶罪的主观方面

学界对危险驾驶罪主观方面的研究在竞驶型危险驾驶罪和醉酒型危险驾驶罪上呈现出冰火两重天的局面：一部分学者将研究目光聚焦在醉酒型危险驾驶罪上，多认为醉酒型危险驾驶罪为故意犯罪；另一部分学者将竞驶型危险驾驶罪和醉酒型危险驾驶罪作为一个统一体混在一起研究，认为两者都是危险犯，且都是抽象危险犯。如前既述，竞驶型危险驾驶罪与危化型危险驾驶罪在性质上不同于作为抽象危险犯的醉酒型危险驾驶罪与“双超”型危险驾驶罪，而属于具体危险犯，因而其主观方面只能是间接故意，这与其余两种危险驾驶罪存在重大区别。

一、竞驶型及危化型危险驾驶罪的主观方面应为间接故意

关于危险驾驶罪的主观方面虽然曾经存在故意说与过失说的

争论，但目前故意论已经取得压倒性胜利。[①] 作为危险驾驶罪组成部分的竞驶型及危化型危险驾驶罪的主观方面争议并不多，学界达成较为统一的意见，认为竞驶型及危化型危险驾驶罪的主观方面是故意。但其主观方面究竟为直接故意还是间接故意，抑或两者皆可，却存在较大分歧，本书认为，竞驶型及危化型危险驾驶罪的主观方面应为间接故意。

（一）竞驶型及危化型危险驾驶罪的认识因素

学界对竞驶型危险驾驶罪认识因素的理解存在混乱。有学者认为本罪的认识因素是对追逐竞驶行为的认识，有的认为是对行为侵犯法益的抽象危险的认识，有的认为是对行为危害公共安全的危险的认识，学界产生如此混乱的根源在于对竞驶型危险驾驶罪属性的误读，竞驶型危险驾驶罪是属于具体危险犯而非抽象危险犯，这决定了竞驶型危险驾驶罪的认识因素的内容。

认识因素既包括对行为本身的认识，也包括对行为危害社会的后果及其因果关系的认识。[②] 具体到竞驶型与危化型危险驾驶罪中，在行为本身的认识上，本罪规范的行为是追逐竞驶行为或者违反危险化学品安全管理规定运输危险化学品的行为，故认识因素中对行为本身的认识指的是对追逐驾驶行为或者违规运输危险化学品的认识。在结果内容的认识上，追逐竞驶行为与违规运输危险化学品将危害社会的内容也就是该罪保护的直接客体，即陆

---

① 参见冯军：《论〈刑法〉第133条之1的规范目的及其适用》，载《中国法学》2011年第5期；张明楷：《危险驾驶罪的基本问题——与冯军教授商榷》，载《政法论坛》2012年第6期；张克文：《也论危险驾驶罪的基本问题——与冯军、张明楷两位教授商榷》，载《当代法学》2014年第1期。

② 孙燕山、孟穗：《犯罪主观方面认识因素再探讨》，载《河北法学》2008年第11期。

路交通安全。在结果性质的认识上，该两种危险驾驶罪属于具体危险犯，只要对其保护的法益产生具体危险时便已既遂，故竞驶型及危化型危险驾驶罪认识因素中的危害结果性质并不是所保护法益的实害而是具体危险，即对人身、重大财产造成实害的密切可能性。故竞驶型及危化型危险驾驶罪的认识因素应为追逐竞驶行为或者违规运输危险化学品将造成陆路交通安全的具体危险。

就竞驶型危险驾驶罪而言，对该罪认识因素的误读导致了许多学者认同其主观方面包括直接故意。例如，有学者认为本罪主要是间接故意，也不排除直接故意；① 也有学者认为本罪是直接故意即希望并追求；还有学者认为本罪意志因素是间接故意即明知并放任。综观学者们提出的理由，会发现其对本罪认识因素的表述各执一词，其对认识因素的误读导致了主观方面认定的瑕疵。例如，有学者从行为违反禁止性规定的角度出发，认为危险驾驶罪禁止“追逐竞驶”是进一步提升禁止性规定的规范高度。行为人违反禁止性规定“追逐竞驶”的，其主观心态是明显的故意。②有学者认为情节严重的追逐竞驶行为对法益有抽象危险，行为人明知追逐竞驶具有危害公共安全的危险仍然实施，显然具有故意的心理态度。③ 有学者将本罪认识因素限于追逐竞驶的行为，认为追逐竞驶是一种积极主动的行为，其行为不可能是放任心态。据

① 参见蒋熙辉：《危险驾驶罪若干问题再探》，载《人民检察》2012 年第 19 期。

② 李朝晖：《危险驾驶罪司法适用论要》，载《河南大学学报》（社会科学版）2011 年第 6 期。

③ 闫雨、王鹏祥：《危险驾驶罪探析》，载《周口师范学院学报》2011 年第 6 期。

此实施追逐竞驶行为的意志因素当然只能被判断为直接故意。①

本书认为，不论是竞驶型危险驾驶罪，还是危化型危险驾驶罪，其主观方面不可能为直接故意，为澄清学界在此问题上的一些误解，有必要对此两类危险驾驶罪的认识因素正本清源：第一，此两类危险驾驶罪认识因素的内容并不是违反“追逐竞驶”禁止性规定或者违反危险化学品安全管理规定。行为人进行追逐竞驶或者违规运输危险化学品当然是故意违反上述禁止性规定或者安全管理规定，但这只是追逐竞驶行为或者违规运输危险化学品行为的故意，要判断其属于故意还是过失还必须看其对追逐竞驶行为或者违规运输危险化学品行为将造成的后果持什么样的态度，违反禁止性规定或者安全管理规定只是追逐竞驶或者违规运输危险化学品的必然状态，并不必然导致何种危害后果，故仅以追逐竞驶或者违规运输危险化学品行为故意违反了刑法中“追逐竞驶”与不得违规运输危险化学品的禁止性规定为由断定本罪主观方面为故意，并不周延。第二，此两类危险驾驶罪认识因素的内容也不是危害公共安全的危险。只要刑法中存在“情节严重”等一般化规定，相关的犯罪就当然不会是抽象危险犯。本书在前文也已论证竞驶型及危化型危险驾驶罪属于具体危险犯，行为构成犯罪的前提必须是存在危害陆路交通安全的具体危险，而不是程度达不到具体危险的无法量化的“危害公共安全的危险”。行为人预见到危害陆路交通安全的危险，仍然实施追逐竞驶或者违规运输危险化学品行为并不一定就是故意的心理态度，也可能是过于自信。即便其为故意的心理态度，具有造成危害陆路交通安全的危险的

---

① 参见黄娜、刘东根：《论危险驾驶罪的理解与适用》，载《中国人民公安大学学报》（社会科学版）2011 年第 3 期。

故意也不能必然得出其具有造成具体危险的故意。故以行为人当然对其行为存在的危险持故意的心理态度为由认定本罪的主观方面为故意，也不妥当。第三，行为本身并不足以作为主观方面认识因素和意志因素的内容。如果仅仅是对行为人所做的行为本身的认识，则混淆了对行为的认识和对行为的法律后果的认识，在意志自由的情况下，任何人作出一定的行为都是基于自身意志的外现，在这个层面来说，行为人对自己的每个行为都是有认识的，但能因此就说该行为人的行为存在认识因素吗？当然不能，只有认识到了自己从事行为的法律后果才能认为存在认识因素。如在失火的行为中，某行为人丙在一个邻居家中抽烟，邻居家里存放了两个大油桶，有一个漏油了，且汽油的成分蒸发到空气中，丙对此并不知情，结果一点火，便引燃了空气中的汽油，造成了火灾。在这个案例中，如果仅认为认识因素是行为本身的话，乙当然认识到了自己在点火、抽烟，其应按失火罪定罪。但这种情形下认为乙存在失火罪显然不当，原因就在于乙并不知道自己点火的行为将引燃火灾的法律后果。故主张该两类危险驾驶罪意志因素为直接故意的观点不可取，其主要问题在于未注意到其认识因素除追逐竞驶与违规运输危险化学品行为外，还包括造成陆路交通安全具体危险的可能性。

因此，竞驶型及危化型危险驾驶罪的认识因素是追逐竞驶行为或者违规运输危险化学品的行为将造成陆路交通安全的具体危险，行为人不可能追求发生实害密切可能的具体危险，故不可能是直接故意。相反，若行为人明确追求发生实害密切可能的具体危险，将被认定为刑法第 114 条规定之以危险方法危害公共安全罪的故意。需解决的是，其意志因素到底是间接故意还是过于自信的过失？

（二）竞驶型及危化型危险驾驶罪的意志因素

本书认为，竞驶型及危化型危险驾驶罪的主观方面意志因素是间接故意。主张其为间接故意而非过于自信的过失，基于以下理由：

第一，从行为人的心态来看，其实施追逐竞驶行为或者违规运输危险化学品对造成陆路交通安全的具体危险持间接故意。具体危险是实害的密切可能性，其与实害的内容相同，都是对陆路交通安全的危险，具体危险未发生实害仅出于行为人无法掌控的偶然事件的发生，但其放任具体危险并不等同于放任实害。追逐竞驶或者违规运输危险化学品的实施多是出于对自己驾驶技术或者对自己安全运输危险化学品持自信的心态，行为人自信的内容应当是对自身追逐竞驶的行为或者违规运输危险化学品并不会发生实害的自信，并不是对其不发生具体危险的自信。而行为人实施追逐竞驶行为或者违规运输危险化学品当然不希望实害发生，且即将发生时其也必然会采取一定补救措施，这从行为人追逐竞驶时会凭其驾驶技术避开与他车或行人相撞，遇到紧急情况会踩刹车，或者在运输危险化学品过程中采取相应的安全保障措施等行为表现便可推知。

第二，从此两类危险驾驶罪的规范目的来看，其并不处罚过失的追逐竞驶行为与过失违规运输危险化学品。我国刑法明确规定，“过失犯罪，法律有明确规定的才负刑事责任”，而在第 133 条之一的立法中，立法者并未指示本条规制对象包含过失的追逐竞驶行为与过失的违规运输危险化学品。也许有人会担心，若不处罚过于自信过失的追逐竞驶与过失的违规运输危险化学品，会出现过多行为人主张自己是过于自信的过失来逃避刑事责任的情形。实际上，这样的担心大可不必，当实践中发生的追逐竞驶行为存在明显的情节恶劣情形或者违规运输危险化学品存在危及公共安全的情形，或者说产生了具体危险，可以通过客观的事实认为行为人过于自信的主张不能成立，推翻其辩解，仍可按间接故意认定为竞驶型及危化型危险驾驶罪。

第三，从刑法第133条之一第3款的设置来看，本罪中竞驶型及危化型危险驾驶罪的意志因素为间接故意能实现与其他关联犯罪的衔接。以竞驶型危险驾驶罪与交通肇事罪的衔接为例，交通肇事罪相当于竞驶型危险驾驶罪的结果加重犯。该款规定，“有前两款行为，同时构成其他犯罪的，依照处罚较重的规定定罪处罚”，按该规定，追逐竞驶造成1人以上死亡等重大事故的应按照交通肇事罪定罪量刑。众所周知，交通肇事罪的主观方面是对危害陆路交通安全的过失，其中包括过于自信的过失和疏忽大意的过失。认为追逐竞驶的主观心态是间接故意，将出现同一驾驶行为中行为人对危害陆路交通安全的具体危险的故意和对实害的过失并存的现象。有学者会质疑具体危险的间接故意与实害的过于自信过失并存的现象，① 但本书认为该两者并存是完全可能的。具体危险与实害毕竟相差一步，两者不能等同，特别在我国的刑法立法中，大部分过失和间接故意心态支配下实施的行为，产生具体危险并不构罪，而若出现实害则构成犯罪承受较重刑罚，可见发生实害和仅仅有具体危险在刑法上的意义区别重大。行为人存在引发具体危险的间接故意，放任具体危险的产生，但同时行为人对实害的发生抱过于自信的态度，认为即使产生具体危险，自己也可以化险为夷。这在竞驶型危险驾驶罪中较为典型，行为人

---

① 例如，劳东燕认为，行为人对侵害结果的具体危险出于故意，同时又对侵害结果的出现持过失的心态，这样的情形难以想象其存在。参见劳东燕：《以危险方法危害公共安全罪的解释学研究》，载《政治与法律》2013年第3期。

为追求刺激，虽然预见到追逐竞驶行为有可能产生具体危险，但仍然放任这种危险发生，并在规避危险的过程中感受刺激。但在具体危险出现后，行为人会尽量避免实害的发生，穷尽一切办法去化解危险，故其对实害的发生仍然持的是过于自信的态度。故行为人对危害陆路交通安全的具体危险的间接故意和对实害的过失在同一个行为中可以并存，当行为人造成具体危险但未发生实害的，认定为竞驶型危险驾驶罪；当行为人的追逐竞驶行为造成实害的，由于其对实害为过于自信过失的态度，认定为交通肇事罪，从刑法第 133 条之一第 3 款的规定对竞驶型危险驾驶罪也得到落实。

综上，我国竞驶型及危化型危险驾驶罪主观方面是间接故意，其认识因素是追逐竞驶行为或者违规运输危险化学品的行为将造成陆路交通安全的具体危险，意志因素是放任具体危险的发生，但对实害的发生为过于自信的态度。

二、醉酒型及“双超”型危险驾驶罪的主观方面应为故意

一般认为，醉酒型危险驾驶罪的主观方面是故意，但也有极少数学者认为该罪的主观方面是过失，有学者认为，行为人故意在道路上醉酒驾驶机动车，但对其醉酒驾驶行为所引起的公共安全的抽象危险仅仅存在过失。① 该学者将本罪的认识因素界定为公共安全的抽象危险，并没有问题。但其问题在于，该学者认为行为人故意醉酒驾车的行为可以和对抽象危险的过失并存。本书并不赞同故意醉酒驾驶和过失引发抽象危险可以并存的观点，一旦

---

① 冯军：《论〈刑法〉第 133 条之 1 的规范目的及其适用》，载《中国法学》2011 年第 5 期。

行为人实施故意醉酒驾驶的行为，就必然引发了抽象危险，既然故意醉酒驾驶，就必然故意触发抽象危险，此种构造在“双超”型危险驾驶罪中也并无不同。另外，这是规范意义上的判断，无论具体事实如何，如果行为人反驳称自己并不知道自己的行为会引发抽象危险，那是违法性认识的错误，不能因此否认其主观上的故意。故本书认为，醉酒型及“双超”型危险驾驶罪为故意犯罪。

（一）醉酒型及“双超”型危险驾驶罪的认识因素

醉酒型及“双超”型危险驾驶罪的认识因素是其醉酒驾驶行为或者严重超员超速驾驶将引发抽象危险。抽象危险的存在与否及其大小，并不是事实评价的问题，而是规范评价的问题。只要行为人实施醉酒驾驶行为或者严重超员超速行为，也就必然存在抽象危险。但是，有学者认为，行为人在荒无人烟的大漠中的公路上醉酒驾驶的行为之所以不成立危险驾驶罪，是因为不可能具有危害公共安全的抽象危险。[①] 这种判断恰恰混淆了本书上文中所阐述的观点。行为人既然醉酒驾驶，就必然触发了刑法拟定的醉酒型危险驾驶罪的抽象危险，无论其事实上是否存在危险，抑或是存在社会利益盈余，其都符合法律拟定的抽象危险的性质。

本书上文中已经提及，醉酒驾驶或者严重超员超速驾驶的行为必然触发抽象危险，故此两类危险驾驶罪中不需证明行为人对是否产生抽象危险存在认识，只要其认识到自己是醉酒驾车或者严重超员超速驾驶，便当然推定其认识到了醉酒驾驶或者严重超员超速行为的抽象危险。日本的通说也认为，抽象危险犯中危险

---

① 黄继坤：《论醉酒驾驶中的主观有责性问题》，载《法学》2013 年第 3 期。

是拟制的危险，所以不需要认识。[①] 故此两类危险驾驶罪中行为人的认识因素的内容包括两方面：一方面，行为人认识到自己驾驶的是机动车或者认识到自己在从事校车业务或者旅客运输。如果醉酒后骑别人经改装过的电动车，误以为是非机动车，则不存在对自己驾驶行为的认识，属于过失；另一方面，行为人认识到自己可能处于醉酒状态或者认识到自己严重超员超速。如果醉酒状态的行为人辩称自己没有喝醉，还能驾驶，并不能说明其没有认识到自己的醉酒状态，故这里对自己的醉酒状态的认识只要达到可能的程度即可。但是行为人对自己严重超员超速驾驶必须具有确定的认识，这是考虑到从事校车业务或者旅客运输的行为人，对所驾驶的校车或者客运车辆的核定载客人数具有明确的认识，对车辆运行时所应遵守的时速规定也能够根据道路上的有关标志明确获知，因此，行为人如果辩称自己没有严重超员超速，只需要根据相应的客观证据予以反驳即可。

（二）醉酒型及“双超”型危险驾驶罪的意志因素

醉酒型及“双超”型危险驾驶罪的意志因素既可以是希望，又可以是放任。因为该罪属于抽象危险犯，故判断行为人对本行为是希望还是放任即可直接推定其对由此所产生的法律后果，即抽象危险的产生是希望或者放任。关于行为人隔夜醉酒的问题，如果行为人认识到自己的头脑仍然不清醒，可能处于醉酒状态而执意驾驶时，宜认为其具有放任的心理态度；如果行为人经过休息后感觉身体较好，已经恢复时，驾驶机动车被查处，宜认为其仅仅存在过失，不构成本罪。

---

① 王志祥、敦宁：《危险驾驶罪探析》，载《中国刑事法杂志》2011 年第 7 期。

第五章 危险驾驶罪司法认定的疑难

危险驾驶罪的司法认定中，醉酒型及“双超”型危险驾驶罪由于属于抽象危险犯，其造成的危险不需证明，只需对照犯罪构成判断其是否在道路上及是否醉酒或者是否严重超员超速即已足够，所以醉酒驾驶行为与严重超员超速行为的入罪并不难。但危险驾驶罪中的抽象危险属于拟制的危险，是否允许根据刑法第13条但书出罪，如何对其出刑，学界和实务界都未形成统一，故醉酒型以及“双超”型危险驾驶罪的司法认定难题在于如何追究刑事责任。竞驶型及危化型危险驾驶罪由于属于具体危险犯，其造成的危险还需要个案中具体判定，以确认是否有“情节恶劣”的情形或者是否“危及公共安全”，但这属于具体危险的判断，实践中尚缺乏明确的判断标准，理论也未给予应有支持，故竞驶型及危化型危险驾驶罪司法认定的难题在于如何入罪。本罪与相关犯罪的界限也是司法认定的重要课题之一，需要予以澄清。

第一节 竞驶型危险驾驶罪如何入罪

从既有司法实践经验来看，竞驶型危险驾驶罪的认定十分困难，该罪适用率很小；而醉酒型危险驾驶罪的认定上少有疑难，其犯罪率也高。其根本的原因是醉酒驾驶罪为抽象危险犯，只要满足行为类型的判断即构成本罪，而竞驶型危险驾驶罪是具体危险犯，必须个案中认定情节，我国理论上对本罪具体危险认定的理论研究不足，忽视了“情节恶劣”应以具体危险为标准进行认定，令该罪具体危险判断的司法标准迟迟不能出台，导致竞驶型危险驾驶罪的适用几近虚置的后果。

一、竞驶型危险驾驶罪的入罪标准应为产生具体危险

竞驶型危险驾驶罪的“情节恶劣”是如何入罪的关键，竞驶型危险驾驶罪属于具体危险犯，那么“情节恶劣”的标准也应该符合具体危险标准，因为仅仅引发现实危险，只要其未达到具体危险的程度，就不应成为刑法规制的目标。按照具体危险的判断模式，竞驶型危险驾驶罪具体危险的判断需要分两步走。

第一步，肯定判断即正面判断。肯定判断需要按照一般人的经验结合具体案件中的各种情状进行判断。有学者提出显见性和急迫性标准，显见性是指法益产生的盖然性，需从一般生活经验事实出发结合具体行为模式推断实害发生可能性，急迫性是受到实害的盖然性程度已经高到了无可挽回的程度。[①] 本书赞成其对该两个标准的提法，但其具体的标准内容并不恰当，本书将竞驶型危险驾驶罪“情节恶劣”的判断标准细化为三方面：其一，追逐竞驶的危险具有显见性。该显见性的前提是具有符合构成要件的追逐竞驶的行为模式，且根据个案中的情况，其追逐竞驶已经造成了的危险，还需要具体案件中存在出现于追逐竞驶危险范围内的危险对象。其二，追逐竞驶的危险具有紧迫性。该紧迫性并不

① 参见李川：《论危险驾驶行为入罪的客观标准》，载《法学评论》2012 年第 4 期。

要求高到无可挽回的程度，只能说按该危险超出了行为人所能控制的范围，且一般人的标准不能期待被危险对象靠自身的能力逃开该危险。其三，追逐竞驶的危险之所以没有发展成实害是出于偶然。按照前两个标准的界定，如果该危险出现后，由它继续按当时的情状发生下去，一般人都能推断出其马上会发生实害。但未发生实害是由于存在非由行为人控制的介入因素，而是由于特殊情形或偶然状况的出现从而没有发生。例如，追逐竞驶时，车辆以高速撞向被危害人，但被危害人反应敏锐，迅速跳开。这里面不能期待一般人都能从高速撞来的车辆敏锐地跳开，故应属于出于偶然而未发生实害。再如行为人追逐竞驶时，车辆以高速撞向被危害人，但行为人慌乱中踩住了急刹车，车辆在被危害人跟前正好刹停了。由于行为人踩紧急刹车时该危险已经超出了行为人的控制范围，且车辆刚刚紧急刹停并不是在正常行驶的状态下发生的操作结果，故也应认定为该情形下实害未发生是出于偶然。

第二步，否定判断即反面判断。否定判断需要根据专业的标准，在肯定判断的基础上，即按照一般人的经验得出该行为有具体危险的基础上，对有科学依据证明符合一般人经验能产生具体危险的情形，在科学上必然不会产生具体危险。在该罪的主观方面本书已经论证，竞驶型危险驾驶罪的主观方面是间接故意，故否定判断对本罪的司法认定也是有必要的。需要指出的是，在诉讼程序的配套上，为节约诉讼资源，应由被告人提出依否定判断认定的请求。法官认为根据第一步判断即已足够时可以作出拒绝该请求的裁定，被告人也可以对该裁定在法定期限内上诉。

二、竞驶型危险驾驶罪“情节恶劣”的情形预设

本书认为，竞驶型危险驾驶罪的定罪情节中，“情节恶劣”作

为本罪构成要件的要素，可以包括以下一些情形：（1）酒后、吸食毒品后追逐竞驶的；（2）无驾驶资格的；（3）超过最高时速50%的；（4）多次闯红灯行驶的；（5）多次穿插前车的；（6）途径车流和人流密集地段的；（7）在车行、人行高峰时段追逐竞驶的；（8）驾驶存在安全隐患机动车的；（9）驾驶拼装、改装、报废机动车的；（10）无号牌、使用伪造变造号牌、不按规定安装号牌，或者遮挡、污损号牌的。

必须说明的是，"情节恶劣"关注的只是行为时的情节，不应包括专属于行为人主体身份、主观方面及犯罪后的态度。有许多实务部门的同志容易将本罪中作为构成要件的"情节恶劣"扩张到几乎所有的量刑情节，① 但其只是量刑时的参考依据，并非本罪入罪的情节。不宜作为定罪依据"情节恶劣"判断的情形包括以下几项：（1）是否多次追逐竞驶；（2）是否多次组织他人追逐竞驶、屡教不改；（3）是否曾因驾驶机动车追逐竞驶受过行政处罚又追逐竞驶；（4）是否积极配合民警执法。以上情形都只能作为本罪的量刑情节，可以据此从重处罚、不判处缓刑，但不宜将其作为认定本罪构成要件要素"情节恶劣"的依据。

三、竞驶型危险驾驶罪"情节恶劣"的具体判断

司法实践中，认定出现以上"情节恶劣"的预示情形，只应作为判断本罪是否产生具体危险的辅助证据，是否属于本罪构成要件要素的"情节恶劣"，最终落脚点都必须在个案中是否产生具

① 例如，有实务部门工作人员认为认定追逐竞驶行为的"情节恶劣"既可以从行为发生的时间和地点、被害人的情况把握，也可以从犯罪主体、犯罪主观方面和犯罪后的态度把握。参见贺英：《"追逐竞驶"中"情节恶劣"的理解》，载《检察日报》2011年3月30日第3版。

体危险。由于本罪具体危险犯的性质，必须在个案中判断行为人制造了具体危险，才能作为将该追逐竞驶行为入罪的坚实根据。

当追逐竞驶行为个案中造成了交通事故，且追逐竞驶行为人至少负同等责任的，因已发生实害，可推定其制造了具体危险，当然符合“情节恶劣”的要求。但当个案中并未发生实害，就需要具体分析本案中是否存在具体危险。从外界是否处于急迫危险的险境来看，个案中存在具体危险的主要有以下两种情形：其一，追逐竞驶者逼近陆路上的行人，如果按照其目前的行驶状况来看，该行为必将被撞倒。如果追逐竞驶者是因为采取了紧急措施，如紧急刹车而避免了实害的发生，仍然不能否认其行为具有具体危险，因为其紧急刹车的操作并不是在其控制范围之内的操作方式。其二，追逐竞驶者逼近车辆，按照一般驾驶人的标准，将使该车辆失去控制造成具体危险或者事实上使其他车辆失去控制而造成具体危险。需要说明的是，使其他车辆失去控制的情形下，其他车辆造成的交通安全的具体危险应由追逐竞驶者负责，因为追逐竞驶者是造成具体危险的引发者。从追逐竞驶人是否失去控制来看，可供本罪情节恶劣认定的有以下两者情形：第一，追逐竞驶人本身超出了其驾驶的控制范围，如通过紧急刹车才防止出现实害的情况；第二，追逐竞驶人所驾驶的车辆失去控制，如超过了该车发动机性能允许的速度行驶的，或者车辆出现影响操作性能故障的情况下继续行驶的。

具体实践中有以下几个不一定具有具体危险的情形经常被混淆，从而成为认定“情节恶劣”的标准，造成本罪适用的错误，包括误将其作为“情节恶劣”情形及误将其不作为“情节恶劣”情形。本书认为，有必要作出澄清。误将其不作为“情节恶劣”情形主要出现在深夜追逐竞驶的情况下，有观点认为，在深夜追逐竞驶因为车流量小，并不会造成具体危险。但这里需要认识到的是，是否造成具体危险的标志并不在于车上人流和车流的数量，而在于该追逐竞驶行为是否有将具体的人或者车卷入到具体危险的范围，故即使在深夜追逐竞驶，如果路上正好有上晚班回来的行人，追逐竞驶的行为造成了该行人的具体危险，便应认定为“情节恶劣”。误将其作为“情节恶劣”的情形包括两类：一类是车流量或人流量大的道路上追逐竞驶并不是“情节恶劣”的必然标准，如果追逐竞驶者能控制好其车辆的行驶，且没有造成具体人或者车卷入其控制范围之外的具体危险中，便不能认定为“情节恶劣”。另一类是造成现实损害并不意味着必然对追逐竞驶型危险驾驶罪所保护的交通安全法益形成了具体危险，更不能说形成了法益侵害的实害，关键要看现实损害是否是有关该罪所保护交通安全法益的重大损害，如果不是，还要根据该现实损害判断其是否有造成该罪所保护法益重大损害的具体危险。

需要指出的是，个案中人流量、车速、有无驾驶技能等“情节恶劣”的预示情形将影响证明本案中存在具体危险相关证据的证明力。“情节恶劣”的预示情形越多，证明本案中存在具体危险的相关证据证明力就越强；反之，相关证据的证明力越弱，在未出现上述“情节恶劣”预示情形的极个别情况下，认定行为人的行为属于“追逐竞驶”后，必须有十分可靠的证据证明本案中产生了具体危险，才能认定其满足本罪要求的“情节恶劣”要件。

第二节　危化型危险驾驶罪如何入罪

《刑法修正案九》新增设危化型危险驾驶罪，并将其作为具体危险犯，在实践中面临如何认定是否“危及公共安全”的问题，如若不厘清“危及公共安全”的内涵，危化型危险驾驶罪也将同竞驶型危险驾驶罪一样，陷入被虚置的境地。刑法第133条未将所有违反危险化学品安全管理规定的运输危险化学品的行为一并犯罪化，而是设置了“危及公共安全”这一入罪门槛，亦即构成危化型危险驾驶罪不仅要求行为人实施了违反危险化学品安全管理规定的运输行为，而且还要求行为人的违规运输行为必须对公共安全产生具体、现实的危险。那么，此处的“危及公共安全”究竟具有何种性质和地位，又该如何认定是否“危及公共安全”呢？对这两个问题的回答，直接决定刑法惩治违规运输危险化学品行为广度和范围。

一、危化型危险驾驶罪“危及公共安全”的性质与地位

对于危化型危险驾驶罪构罪条件的“危及公共安全”的性质与地位，有观点主张，根据刑法第133条之一规定，违规运输危险化学品，危及公共安全的，应当追究刑事责任，尚未危及公共安全的，也应当依法予以行政处罚。这里所规定的“危及公共安全”，是划分罪与非罪的重要界限。① 也有论者认为：“对于‘危及公共安全’性质的认定，关乎本款所规定之罪的性质，即涉及违规运输危险化学品所构成的危险驾驶罪是具体危险犯还是抽象危险犯的判断。”在认可通说将最初的两类危险驾驶罪界定为抽象危险犯的基础上，持论者按照立法的统一性和协调性，将危化型危险驾驶罪也界定为抽象危险犯，进而认为“危及公共安全”这

---

① 臧铁伟：《〈中华人民共和国刑法修正案（九）〉解读》，中国法制出版社2015年版，第68页。相同的观点，另见赵秉志：《〈中华人民共和国刑法修正案（九）〉理解与适用》，中国法制出版社2016年版，第366页。

是立法上推定的危险、类型性的危险、概括的危险，是缓和的危险。[①] 本书不反对“危及公共安全”是限制刑罚处罚范围的要素，实际发挥着筛选何种违反危险化学品安全管理规定运输行为应该作为犯罪处理的机能。但是，如前既述之理由，本书难以赞同通说不区分危险驾驶罪具体行为类型，将类别各异的危险驾驶罪的属性一体界定的立场，更难以赞同将竞驶型危险驾驶罪与危化型危险驾驶罪界定为抽象危险犯的观点。在本书看来，竞驶型危险驾驶罪与危化型危险驾驶罪中对“情节恶劣”或者“危及公共安全”要素判断，需要法官分别、具体判断，因而属于具体危险犯的范畴。

事实上，坚持危化型危险驾驶罪属于具体危险犯，“危及公共安全”是违规运输危险化学品行为所造成的具体后果，才能发挥该要素限制违规运输危险化学品入罪范围的机能。如果将危化型危险驾驶罪界定为抽象危险犯，由于抽象危险属于立法拟制的类型性危险，实践中并不需要法官具体审查，那么危化型危险驾驶罪的成立仅需要单纯判断行为是否属于“违反危险化学品安全管理规定运输危险化学品”即可，因为“危及公共安全”的属性已经内在地包含于违规运输危险化学品这一危险驾驶行为之中。如此一来，“危及公共安全”将被消解殆尽成为多余，从而失去其限制刑罚处罚范围的机能。

本书认为，单纯规定“违反危险化学品安全管理规定运输危险化学品”这一表述本身就已经表明了行为所具有的抽象危险，再以“危及公共安全”进行限缩意味着单纯的抽象危险并不足以

① 郭小亮：《新型危险驾驶罪的理解与适用》，载《江西警察学院学报》2016 年第 1 期。

构成犯罪，这显然属于对入罪标准提出的更高要求，即只有在违规运输危险化学品具有危害公共安全的具体危险时，才应将行为评价为犯罪行为。具体来说，根据2011年国务院发布的《危险化学品安全管理条例》第3条，危险化学品是指具有毒害、腐蚀、爆炸、燃烧、助燃等性质，对人体、设施、环境具有危害的剧毒化学品和其他化学品。危险化学品之所以“危险”恰是由于其具有对公共安全造成难以预计和控制的损害的高度可能性。正是考虑到危险化学品固有的威胁公共安全的属性，必须要对其生产、储存、使用、经营、运输环节进行严格的安全管理，严防危险化学品给公共安全造成损害，但《刑法修正案九》并没有将任何管理环节违反危险化学品安全管理规定的行为纳入，只涉及其中运输环节的违规运输行为，并且只是将运输环节的部分违规运输行为规定为危险驾驶行为。而从现有规范危险化学品运输的法律法规和规章来看，从事危险化学品运输的，应当取得运输许可并向工商行政管理部门办理登记；驾驶人员、装卸人员和押运人员应当取得相关的从业资格；运输车辆应当符合国家要求的安全技术条件并悬挂和喷涂国家要求的警示标志；通过道路运输危险化学品的，托运人应当委托依法取得危险货物道路运输许可的企业承担且应当按照运输车辆的核定载质量装载危险化学品，不得超载；运输危险化学品应当采取相应的安全防护措施，并配备防护用品和应急救援器材；运输剧毒化学品和易爆危险化学品的应当向当地公安机关报告。违反这些规定运输危险化学品，均有可能对公共安全造成损害，即对公共安全具有抽象危险，但是鉴于危险化学品固有的内在危险以及运输环节所存在的可容许风险，刑法不可能将这些违规运输行为不作区分而一并定罪科刑，只能也只应选取其中对公共安全（陆路交通安全）造成具体危险的行为作为刑法规制的对象。

二、危化型危险驾驶罪“危及公共安全”的具体认定

虽然有学者认为公私财产的安全并不属于“公共安全”,[①] 但这并未得到多数学者的认同，时下学界主流见解仍然将重大公私财产安全纳入“公共安全”，认为“公共安全”系指多数或者不特定人的生命、健康和重大公私财产安全。[②] 本文赞同学界的主流见解，所谓“危及公共安全”，就是指有害于或者威胁到多数或者不特定人的生命、健康和重大公私财产安全，具体为“行为人的行为对交通道路上其他车辆、行人、公私财产安全或者周围的环境随时可能产生重大的危险，例如随时可能发生爆炸、有毒气体泄漏等危险。”[③] 对“危及公共安全”的强调，表明危化型危险驾驶罪属于具体危险犯，判断违规运输危险化学品是否“危及公共安全”，即判断行为是否存在具体危险，是否对多数或者不特定人的生命、健康和重大公私财产安全造成实害的密切可能性，这应当按照前述具体危险的判断模式，分别从肯定判断和否定判断两步进行。

第一步，按照一般人的经验结合具体案件中的各种情状进行

---

① 张明楷：《刑法学》（第四版），法律出版社 2011 年版，第 602～603 页；胡东飞：《论刑法意义上的“公共安全”》，载《中国刑事法杂志》2007 年第 2 期。

② 参见曲新久：《论刑法中的“公共安全”》，载《人民检察》2010 年第 9 期；何洋：《试论刑法中“公共安全”的涵义》，载《河北法学》2012 年第 3 期。

③ 时延安等：《〈中华人民共和国刑法修正案（九）〉解释与适用》，人民法院出版社 2015 年版，第 118～119 页。

肯定判断。前已述及，由于危险化学品固有的内在危险，其违反运输环节有关安全运输规定的具体要求，必然会产生危害公共安全的抽象危险，如果结合案件的具体情状，从一般人的经验出发，通过考虑所运输的危险化学品的种类、危险特性、数量，运输的时间、路线、违反安全运输规定的具体内容和严重程度，可能造成的损害后果等因素能够得出违规运输危险化学品的行为以及对多数或者不特定人的生命、健康或者重大公私财产安全造成实害的密切可能性的结论，即应肯定违规运输行为已经“危及公共安全”。例如，违反《危险化学品安全管理条例》第 47 条的规定，超出运输车辆的核定载质量装载危险化学品，或者以不符合国家标准要求的安全技术条件的，通常可以肯定违规运输行为已经“危及公共安全”，可以危险驾驶罪追究行为人的刑事责任。

第二步，在肯定判断的基础上，根据专业标准或者科学法则，对有科学依据证明即便符合一般人经验可能产生具体危险，但在科学上必然不会产生具体危险的，应当否定违规运输行为“危及公共安全”。与前述“情节恶劣”的否定判断相似，在对是否“危及公共安全”进行反面的消极判断时，需要行为人提出证据证明行为人的违规运输行为依照科学法则，并不存在“危及公共安全”的具体危险。如果法官认为行为人提出的证据不充分，难以证明行为时不存在具体危险的，可以直接根据肯定判断的结论，裁定违规运输行为已经“危及公共安全”，行为人对此有异议的，可以在法定上诉期限内提出上诉。

第三节　对醉酒驾驶行为如何慎重追究刑事责任

醉酒驾驶行为的入罪司法实践中存在的难题不多，但其是否可以出罪却是困扰理论及实践的司法认定“瓶颈”。2011 年 5 月，时任最高人民法院副院长张军大法官表示，“各地法院具体追究刑事责任，应当慎重稳妥，并非达到醉酒标准驾驶机动车的，就一律构成刑事犯罪”①。目前，理论和实务界多将上述表态理解为醉酒驾驶机动车可以运用刑法第 13 条但书“情节显著轻微不认为是犯罪”来出罪，并将注意力集中于探讨如何运用 13 条但书出罪。遗憾的是，学界忽视了“慎重追究刑事责任”的途径还包括对符合条件的犯罪嫌疑人或被告人出刑。

一、醉酒驾驶行为不宜运用刑法第 13 条但书出罪

抽象危险犯是否可以根据具体个案中的行为情状出罪及按什么标准出罪也是世界性的难题，有德国学者也认为抽象危险犯在个案中如何避免违背罪责原则是其司法适用中需重点解决的问题。② 醉酒型危险驾驶罪是抽象危险犯，不需要判定具体个案中的情状就可以直接认定其符合本罪犯罪构成，但是否可以根据我国刑法第 13 条但书“情节显著轻微危害不大”出罪呢？

最高法院关于“达到醉酒标准驾驶机动车并非一律构成刑事犯罪”的表态往往被解读为：应充分运用刑法第 13 条但书，将其

---

① 王秋实：《最高法副院长解读“醉驾入刑”：追究刑责应慎重》，http://news.xinhuanet.com/legal/2011-05/11/c_121401275.htm. 最后访问日期：2016 年 5 月 15 日。

② 其于近期文章便撰文指出：“是否在具体个案中，针对不具有危险性的行为，（抽象危险犯）构成要件就必须加以限缩，以避免施以和罪责原则不相容的刑罚，是一直需考虑的问题”。参见［德］约克·艾斯勒：《抽象危险犯的基础和边界》，蔡桂生译，载《刑法论丛》第 14 卷。

作为醉酒驾驶机动车不认定为犯罪的依据。[①] 该不甚准确的解读经过网络媒体的宣传遭到民众一定程度的抵制。与此同时，学界也有许多不同的声音，有学者认为只要符合抽象危险犯的类型化行为，即使其尚未形成任何危险也具有可罚性。[②] 也有许多学者从总则对分则的指导地位、[③] 立法原意上仅对情节恶劣及情节一般的入罪等方面论证可以运用刑法第 13 条但书出罪。[④] 本书认为醉酒驾驶行为不宜运用 13 条但书出罪，其主要基于以下理由：

第一，从理论上说，抽象危险犯的性质排除了对满足本罪抽象危险的行为仍然出罪的可能。醉酒型危险驾驶罪属于抽象危险犯，只要实践中满足该罪构成要件，即其行为符合类型化的达到醉酒标准而驾驶的行为时，即已构成犯罪。抽象危险犯的根本特征即不问现实中危险是否存在，只要存在本罪禁止的类型化行为，便构成犯罪。既然可能出现的最轻微的情节即无任何现实危险时仍应构成犯罪，更何况本罪其他具体情节轻微呢？故根据醉酒型危险驾驶罪抽象危险犯的性质，涉嫌该罪的个案中只要满足犯罪

---

① 如新华网转载的文章中便将其解读为："虽然《刑法修正案（八）》规定，醉酒驾驶机动车要追究刑事责任，却没有明确规定情节严重或情节恶劣的前提条件，但根据刑法总则第 13 条规定的原则，危害社会行为情节显著轻微危害不大的，不认为是犯罪。"参见王秋实：《最高法副院长解读"醉驾入刑"：追究刑责应慎重》，http：//news. xinhuanet. com/legal/2011 - 05/11/c_ 121401275. htm. 最后访问日期：2016 年 5 月 15 日。

② 参见谢杰、王延祥：《抽象危险犯的反思性审视与优化展望——基于风险社会的刑法保护》，载《政治与法律》2011 年第 2 期。

③ 参见周宏伟：《危险驾驶罪中醉驾认定的疑难问题实证分析》，载《中国人民公安大学学报》（社会科学版）2012 年第 3 期。

④ 参见赵秉志、刘远：《危险驾驶罪研析与思考》，载《政治与法律》2011 年第 8 期。

构成要件，其具体犯罪情节为何均不得作为否定本罪成立的理由。

第二，从本罪的立法用意来看，醉酒驾驶行为也不宜运用刑法第 13 条但书出罪。2011 年《刑法修正案八》出台的同时，《道交法》也在同一次表决中进行了修改，其直接删除了对醉酒驾驶者拘留处罚的规定，不仅提高驾驶资格禁止期限，而且规定达到醉酒标准的直接移送追究刑事责任，其修改目的便是配合刑法中醉酒型危险驾驶罪的设立调整其对醉酒驾驶的行政处罚，实现刑法与行政法对醉酒驾驶处罚上的衔接。[①] 本罪 2011 年立法时，就同时将行政处罚对醉酒驾驶的拘留、罚款等规定删除，除资格罚之外，排除了行政法对醉酒驾驶的适用，一律交由刑法处理。而若允许刑法第 13 条但书对醉酒驾驶行为出罪，由于立法机关对《道交法》的针对性修改，行政法刻意放弃了对醉酒型危险驾驶行为进行有关行政拘留和罚款处罚。可见，本罪的立法用意即将醉酒驾驶行为一律交由刑法管辖，故不宜再适用刑法第 13 条但书进行出罪，从而放弃刑法对醉酒驾驶行为的规制。

二、醉酒驾驶行为不应一律入刑

醉酒驾驶行为不得运用刑法第 13 条但书出罪，即存在醉酒驾驶行为就应一律认定为犯罪。那么，必然构成犯罪的醉酒驾驶行

---

① 根据 2007 年《道交法》第 91 条，修正前的道路交通法对醉酒驾驶的处罚为：由公安机关约束至酒醒，处 15 日以下拘留和暂扣 6 个月机动车驾驶证，并处 2000 元罚款，经 2011 年修正后，对醉酒驾驶的处罚为：“醉酒驾驶机动车的，由公安机关交通管理部门约束至酒醒，吊销机动车驾驶证，依法追究刑事责任；五年内不得重新取得机动车驾驶证。”

为是否应一律入刑呢?[1] 应当看到，在我国的刑事立法框架下，某行为被确定为犯罪后，还可以通过不起诉、免于刑事处罚及缓刑不予刑罚处罚，故我国的刑事立法存在入罪后但不入刑的空间。具体到本罪中，醉酒驾驶行为是否应一律入刑，值得研究。

醉酒型危险驾驶罪规制的对象是醉酒驾驶的行为，在酒文化底蕴深厚的我国，醉酒驾驶行为可算是大众型的行为，在许多人眼里已经司空见惯，然而该行为令陆路交通安全面临极大威胁。刑法设立醉酒型危险驾驶罪的目标是消减醉酒驾车对陆路交通安全的威胁，其最终的追求是在公众心中形成“醉酒绝不开车”的观念，维护交通秩序。为有效发挥刑法的功能，立法上采用了抽象危险犯的模式将醉酒驾驶行为一律入罪，而在醉酒驾驶行为入罪后，司法上将面临选择：对醉酒驾驶行为是如商鞅立竿一样重刑治理，将其一律入刑；还是循序渐进，有选择地入刑？有许多实务部门采用前者，[2] 但本书主张后者，下文将从各个角度阐明该立场。

（一）从社会治理的角度

交通秩序的维护是社会治理的内容，运用刑罚对醉酒驾驶行为进行处罚只是社会治理的一种方式。除了刑法和刑罚的运用，

---

① 需要说明的是，本书所称的“入刑”并不是从立法角度而言，如果从被规定为犯罪来说，入刑已是事实，是否应当一律入刑，没有讨论的意义。本书研究的“入刑”专从司法角度处罚，指被认定为犯罪的行为应判处实刑，而不能运用不起诉、免于刑事处罚或缓刑的机制将其“出刑”。

② 例如，北京市朝阳区人民法院自 2011 年 5 月 1 日酒驾入刑以来，截至 2013 年 4 月 30 日，供审结危险驾驶案件 304 件 304 人，均判处拘役并处罚金，其中无一起判处缓刑或免予刑罚处罚。参见辛祖国：《危险驾驶入刑五大问题困扰司法实践》，载《人民政协报》2013 年 5 月 27 日第 B04 版。

交通秩序的维护还可以通过有关教育、宣传等政策的制定及公众对政治的信赖来实现，由此，对于公众规则意识的形成及道德感的培养，往往能收到更理想的社会治理效果。

教育宣传等政策的制定和实施以及政治的清明需要智慧、劳力和费用，而刑罚却能立竿见影地看到效果，为国家提供社会治理的捷径。社会公众之所以对醉酒驾驶行为一律入刑存在较高的期待，主要原因在于其对政治的不信任，认为若给醉酒驾驶行为留下不入刑的空间，容易出现保护官员免受刑罚的避风港。① 为回应公众的质疑，堵住行政或司法腐败的漏洞，是司法上将醉酒驾驶一律入刑的重要考虑因素，然而，其同时也更大地限制了公众的权利和自由。

国家治理醉酒驾车，并不能依赖于刑罚的严厉，企图多利用刑罚权的政权是虚弱的政权。② 刑罚也只是教育途径之一，虽然运用简便，但刑罚的运用也必然伴随着公众权利的缩减。国家需要发挥更多的智慧，拓展更广的途径教育公众遵守交通规则，只在必要的时候才寻求刑罚权的威慑。当社会中出现某些事态，需要发挥刑罚维护秩序机能时，国家需要制定刑事法律并让国家刑罚权现实化。③ 国家刑罚权运用规制某一行为的必要限度是什么？这

---

① 此观念在公众对一则判例的质疑有集中的体现：某案中，深圳市龙岗区某官员醉酒驾驶“开得不远”，被免追刑责，公众强烈质疑其官员的身份左右了法官的判断。参见秦怀川：《“开得不远”成醉驾免刑理由的恶劣效应》，载《济南日报》2012 年 6 月 20 日第 F02 版。

② ［日］西原春夫：《刑法的根基与哲学》，顾肖荣等译，法律出版社 2004 年版，第 44 页。

③ ［日］西原春夫：《刑法的根基与哲学》，顾肖荣等译，法律出版社 2004 年版，第 46 页。

要考察两方面内容：一方面，生活中是否有实施该行为的必要，是否会让公众感到自己的自由受到限制；另一方面，如果不运用国家刑罚权，是否会让公众感觉到不安。

具体到醉酒驾驶行为，立法中将其入罪是回应社会中醉酒驾驶引发的交通事故频发，严重威胁到公共安全。司法中是否将其一律入刑，就涉及国家在社会治理中运用刑罚权的必要限度。如果不管个案中的情节，将醉酒驾驶的行为一律入刑，情节轻微的醉酒驾驶情形甚至社会生活中有必要实施的醉酒驾车行为施以刑罚处罚。例如，行为人在小区中仅仅将车辆摆入停车位的行为；或在接受宴请时，因自己开来的车停在酒店下面挡住了其他车辆，将自己的车辆挪位的行为；位于附近的家中突发急事，找不到代驾，路上车流人流稀少时开车回家的行为等。上述行为中，若仍将行为人醉酒驾车的行为入刑，容易让公众感到自己必要的自由受到限制，而这些行为如果国家不运用刑罚权，公众也不会对此感到不安。故从社会治理的角度考虑，不宜将醉酒驾驶的行为一律入刑，应更加努力地发挥教育、引导等政策的作用，从各个方面培养公众的道德意识。至于公众对醉酒驾驶不一律入刑后担心官员等高阶层的社会成员会借此逃避刑事处罚，应加强政府的廉政建设和信息公开的落实，逐渐强化公众对国家机关的信任。现阶段可以考虑禁止具备国家公务员身份的行为人在醉酒驾驶的案件中出刑，这也符合社会对国家公务员应更好遵守法律法规的期待。

（二）从立法与司法关系的角度

我国立法者在设计醉酒驾驶罪的法条时，将醉酒驾驶行为以抽象危险犯的模式纳入刑法规制，并通过删去《道交法》与醉酒驾驶行为有关的拘留及罚款处罚条款等技术性调整，将醉酒驾驶行为一律入罪。但从立法与司法关系的角度看，这并不意味着司法中也必须将醉酒驾驶行为一律入刑。

立法是一般性的规定和指导，其目的是为社会确立共同的行为规范；司法是具体的法的实施，通过对法律的运用和把握，将其规定现实化。立法关注社会整体的法秩序，是宏观的层面；司法关注具体个案中法的运用，是微观的层面。从立法的角度来说，将醉酒驾驶行为一律入罪体现了总体上对该行为的严厉打击；而从司法的角度来说，个案中的醉酒驾驶行为并不一定都存在较大的社会危害，司法需要关注个案的正义，在立法规定的权限幅度内对不同的情形采取不同的措施，而对构成法定刑为“拘役、并处罚金”的醉酒驾驶罪运用职权不起诉、免于刑事处罚或判处缓刑，也在司法的权限幅度之内。故只有对不同的醉酒驾驶行为予以不同对待，将不具社会危害或社会危害很小的醉酒驾驶行为出刑，在醉酒型危险驾驶罪的司法适用上才能维护个案的正义，提高公众对法律的认可并保障立法的权威。

（三）从执法与司法关系的角度

执法和司法同属法的实施，司法的效果受到执法的制约，治理醉酒驾驶行为的关键并不在于司法上将所有醉酒驾驶行为一律入刑，而在于交通执法力度的加强。刑法在醉酒驾驶行为的治理中发挥作用的途径是法的现实化，对违反刑法规定的醉酒驾驶行为进行处理，让公众感到法的威慑，实现其一般预防的机能。而要追求法的现实化，必然依赖一线公安民警严肃查处醉酒驾驶行为，该类行为如果不主动查处，除非有交通事故才能发现。执法者对醉酒驾驶行为的查处是醉酒驾驶案件的最主要来源，执法上醉酒驾驶行为是否充分查处，决定了刑法中醉酒型危险驾驶罪的现实化程度，也决定了刑罚一般预防机能的实现。

司法中将所有醉酒驾驶行为一律入刑，还是将某些醉酒驾驶行为出刑，对刑法中有关醉酒驾驶罪的现实化没有决定性影响。若执法松弛甚至选择性执法，只有少数醉酒驾驶者被查处，即使将所有醉酒驾驶行为一律入刑，受案件来源的限制，也无法有效地体现刑法对醉酒驾驶行为的严厉态度，反而造成个案的不公。若执法严密，社会中大量的醉酒驾驶行为都被抓获，司法中对情节显著轻微或其他特别情形的犯罪予以出刑，能保证司法在个案中的公正，也不会在总体上影响刑法的实现。

因此，从执法与司法关系的角度来看，运用刑法治理醉酒驾驶行为的关键在于执法力度的加强，司法上不将被查处的醉酒驾驶行为一律入刑不会对醉酒驾驶罪的现实化产生根本的影响，反而可以实现司法的公正及灵活运用。

（四）从心理学的角度

实践中，醉酒驾驶行为人多存在侥幸心理，[①] 认为自己酒后驾车的行为不会被查处，治理醉酒驾驶行为的关键在于破除行为人的侥幸心理，让公众养成“开车绝不喝酒，喝酒绝不开车”的思维习惯。而要破除行为人的侥幸心理，可以通过两方面的途径：其一是加强社会管理，严格交通执法，降低犯罪黑数；其二是提高处罚的严厉程度。

犯罪黑数是指由于各种原因而没有记载在刑事统计中的具体犯罪数据，也就是刑事统计犯罪个数与实际发生的犯罪数之差。[②] 某犯罪行为的犯罪黑数越高，行为人的侥幸心理越强，达到刑罚

---

① 辛祖国：《危险驾驶入刑五大问题困扰司法实践》，载《人民政协报》2013 年 5 月 27 日第 B04 版。

② 解晓东：《犯罪黑数及其控制》，载《法律科学》2001 年第 2 期。

威慑效果所要求的刑罚严厉程度也就越高。降低醉酒型危险驾驶罪的犯罪黑数是破除行为人侥幸心理的最有效途径，犯罪黑数越低，相应的行为人醉酒驾驶机动车被查处的概率就越高，其侥幸心理则能更有效地遏制。醉酒型危险驾驶罪的犯罪黑数由执法机关查处醉酒驾驶行为的执法力度决定，故严格交通执法是破除行为人侥幸心理的主要手段。实践中存在侥幸心理的醉酒驾驶行为人比例较高的现象也从另一个侧面反映了公安部门对醉酒驾驶行为查处不力的现状。

当然，破除行为人的侥幸心理也可以通过强化对行为人的处罚力度来实现，在犯罪黑数不存在的理想状态下，也许对醉酒驾驶行为处以行政处罚就可以达到规范醉酒驾驶行为的目的。但存在犯罪黑数的情况下，就需要提升对该行为的处罚力度予以弥补，以实现法律对某行为的必要遏制，若犯罪黑数越高，所需提升的处罚甚至刑罚的力度也就越大。然而，通过提升处罚甚至刑罚的力度破除行为人的侥幸心理是存在负面效应的，刑罚设置得越高意味着公众权利被限制得越多，相当于因犯罪黑数提高的那部分刑罚由被抓获的行为人承担了，这加大了对行为人量刑过重的可能，对司法适用的精细化提出了更高的要求。故因某行为存在较高犯罪黑数，至社会公众大多抱有侥幸心理的场合，立法中对该行为的处罚加重的情况下，更应强调司法适用时需进行与其危害性相应的处理，尽量保证个案的正义，保障行为人的权益。

具体到我国立法将醉酒驾驶行为入刑的做法，其为破除行为人的侥幸心理提高了对醉酒驾驶行为的处罚力度，由行政处罚提升至刑罚。绝对性地加大了行为人醉酒驾驶的违法成本，这也必然要求司法适用中对醉酒驾驶行为予以更精确化的对待，而“一刀切”的醉驾一律入刑的选择与上述要求背道而驰，不利于公众合法权益的保障，也不利于刑罚预防犯罪功能的充分发挥。正如大谷实教授所言：“违反《道路交通法》的行为经常发生，正如从取缔违反限速行为现场所能看到的一样，即便被查获，很多的人感觉也是‘运气不好，被抓了’。就是说，在违反者大量存在的场合，不管违反轻重一律处刑的话，就会使多数国民成为刑罚对象，产生大量的前科者，结果造成‘一亿前科者’的结局，使刑罚失去感召力，也不可能唤起行为人的‘从此洗手不干’的规范意识。”① 因此，在将来醉酒驾驶的刑罚力度继续提升时，刑法的威慑力度进一步加大，到时候也将更要求司法机关在醉酒型危险驾驶罪的审理中进行精确化的处理，实现罪刑相适应，情节严重的判处重刑，情节轻微的判处缓刑甚至不起诉。

（五）从公众行为习惯养成的角度

治理醉酒驾驶行为的理想状态是促使公众养成“醉酒绝不开车”的行为习惯，这也是刑法中设立醉酒型危险驾驶罪的最高追求。公众行为习惯的养成需要一个长期的过程，不能靠短期的高压政策，应循序渐进地进行。公安部2012年末拟对“闯黄灯”行为进行处罚就属典型的例子，2012年9月公安部发布《机动车驾驶证申领和使用规定》（以下简称《123号令》），规定“闯黄灯”的行为处以扣6分的处罚，以期扭转交通运输中司机闯红灯的陋习，但在不久后的2013年1月，又公布“闯黄灯”暂不处罚，该消息传开后得到司机几乎一致的支持。② 公安部出于尽责履职目的处罚闯红灯的措施不久后便不得不尴尬收场。究其原因，在于公

---

① ［日］大谷实：《刑事政策学》，黎宏译，中国人民大学出版社2009年版，第396页。

② 参见何欣：《公安部：闯黄灯暂不处罚》，载《北京晨报》2013年1月7日第6版。

安部寄希望于大幅提高处罚的方式扭转许多司机长期以来的陋习，用意可嘉，但其并未注意到公众行为习惯的养成需要循序渐进，不能依赖严厉的处罚，而是主要通过宣传教育来改变观念。

上述公安部处罚“闯黄灯”的实例可以启发我国目前对醉酒驾驶行为的治理，要达到改变公众行为习惯的效果，主要应通过宣传教育等方式，不能依赖重罚，故醉酒驾驶行为一律入刑，予以重罚并不利于公众行为习惯的养成。

再者，养成行为习惯也不能寄希望于短时间完成，应循序渐进地进行。要持续保持刑法威慑，循序渐进地促成公众“醉酒绝不开车”的习惯，应当注意保障公众对危险驾驶罪立法的认可和尊重，这也要求司法适用中进行精确化处刑，对情节严重的犯罪分子从重处罚，对情节轻微的予以出刑，以实现司法正义。故醉酒驾驶行为一律入刑不利于本罪对公众保持持续性的威慑效应，不利于公众行为习惯的养成。

另外，从比较的视野来看，域外大量运用缓起诉等追诉停止手段处理交通犯罪案件，[①] 也是在不对其出罪的前提下，通过刑法及刑诉法的运用将其出刑，以达到罪刑适应的司法公正要求。从司法资源分配的角度来看，若醉酒驾驶行为一律入刑，由于危险驾驶罪的量刑幅度明确且单一，只有拘役并处罚金，法院醉酒驾驶案件的受理及处刑量将持续处于高位状态，将过分占用有限的

---

① 例如，日本2000年对交通犯罪的缓起诉率已高达87.8%。参见何斐萍：《论交通犯罪——以2001年日本刑法之相关修正为中心》，台北大学法学系2002年硕士论文。

司法资源。[①] 从处刑均衡的角度来看，更为严重的交通肇事罪在实践中不起诉率和缓刑宣告率都较高，若醉酒驾驶行为一律入刑，将导致处刑不均衡。[②]

综上，醉酒驾驶行为不应一律入刑，最高法院要求“慎重追究刑事责任”表态敏锐地预测到了醉驾入刑之初可能出现审判实务中“一刀切”的局面，其立意是值得肯定的。遗憾的是，理论和实务界都将过多地精力放在运用《刑法》第13条但书“情节显著轻微危害不大”出罪的探讨上。殊不知，运用刑法及刑诉法的相关规定出刑，如对于犯罪情节轻微的作出不起诉决定或判处免予刑事处罚，才是贯彻“慎重追究刑事责任”要求的最主要途径。而如何对醉酒驾驶行为出刑，值得深入研究。

三、醉酒驾驶行为出刑的路径：个案情节推翻抽象危险

根据我国刑法和刑诉法相关规定，在某行为构成犯罪的前提下，对该行为出刑的途径可以在审查起诉阶段以不起诉结案，也可以在审判阶段判处“免予刑事处罚”，其中尤以不起诉对行为人

---

① 例如，江苏省检察机关自新刑诉法修改后，其危险驾驶案件受理数即大幅飙升，跃居所有刑事案件数第2位。参见宋世明等：《统一执法尺度全力预防酒驾高发》，载《江苏法制报》2013年6月13日第4版。

② 以江苏省2012年全省的司法实践为例，危险驾驶案件的不起诉率、判决宣告免予刑事处罚、缓刑宣告率分别为0.73%、0.07%、21.14%，而同期危害后果更为严重的交通肇事罪不起诉率、判决宣告免予刑事处罚、缓刑宣告率分别为11.18%、0.27%、79.11%。参见宋世明等：《统一执法尺度全力预防酒驾高发》，载《江苏法制报》2013年6月13日第4版。

的苛责程度最低。[①] 而醉酒驾驶行为出刑的前提即在于个案的具体情节是否能够推翻该罪中的抽象危险。

关于抽象危险是否可以被具体个案情状推翻，理论界不乏支持的声音：有学者认为，抽象危险是基于基础事实与推定结论之间不太确定但高概率的联系而可以进行反驳的法律推定。[②] 本书也支持抽象危险允许被推翻，作为抽象危险犯的醉酒型危险驾驶罪当然应该允许出刑，其关键原因在于醉酒驾驶行为的抽象危险属于拟定的危险，其不需要现实中是否发生该危险。然而，每个个案都是具体的，醉酒驾驶行为在个案中也有许多不发生危险的情况，不加辨别而普遍地将抽象危险直接适用于每个个案从而成为刑罚的根据，与罪责原则背道而驰。以上偏见成为学者质疑抽象危险犯可罚性的重要把柄，学界都在为抽象危险犯带来的法益提前保护及举证简化的便利是否能为其违背罪责原则的嫌疑辩护争论不休。然而，只要允许抽象危险可以在个案中被推翻，其便没有违背罪责原则的基础，也就为醉酒型危险驾驶罪的存在建立了巩固的基础。更有学者精辟地指出，抽象危险犯和行为犯的重大区别即在于抽象危险犯允许反证，这是由抽象危险犯的特性决定的。[③]

---

① 新《刑事诉讼法》第 173 条第 2 款规定了酌定不起诉的条件："对于犯罪情节轻微，依照刑法规定不需要判处刑罚或者免除刑罚的，人民检察院可以作出不起诉决定。"

② 梁根林：《合理地组织对犯罪的反应》，北京大学出版社 2008 年版，第 175 页。

③ 刘远指出，如果具有抽象危险不存在的反证，那么就可以推翻犯罪的成立。参见刘远：《危险驾驶的刑事责任问题探究》，载《法学论坛》2009 年第 6 期。

从司法正义的立场上，代表最高法院的张军大法官提出了醉酒驾驶行为应慎重追究刑事责任的理解，应从具体案件中判断其抽象危险是否被推翻以证明其“犯罪情节轻微”，并以此指导各级法院对本罪的认定。然若允许抽象危险可以在个案中被推翻，接下来的难题是，抽象危险在什么样的情况下可以被推翻，如何具体化抽象危险被推翻的标准，如何防止抽象危险的反证成为权势阶层的护身符？要解开公众的质疑与担忧，为醉酒驾驶行为在具体个案中出刑建立社会基础，便需要处理好本罪拟定的抽象危险在什么样的情形下允许被推翻。

四、个案情节推翻抽象危险的标准：情节显著轻微，没有危害

研究个案中什么情形下才能推翻拟制的抽象危险，必须确定抽象危险被推翻的标准究竟是“情节显著轻微，危害不大”还是“情节轻微”。本书赞成前者，虽然立法中，不起诉和免予刑事处罚的适用都只需一个共同的前提，即犯罪情节轻微。① 但本罪为抽象危险犯，对其不起诉和免予刑事处罚的适用需有更高的要求，要推翻抽象危险仅依据“情节轻微”尚不充分，必须证明“情节显著轻微，没有危害”方可推翻抽象危险，从而实现对本罪的出刑。

根据我国刑法有关规定，“情节显著轻微”既包括“没有危害”也包括“危害不大”，是根据“危害不大”还是根据“没有危害”出刑？本书赞成后者，根据“危害不大”为醉酒驾驶罪出刑至少会产生以下问题：其一，运用“危害不大”出刑将模糊本

---

① 对此，我国刑法有关自首的规定是一个例外，行为人犯罪后符合自首的，只要犯罪较轻即可免除处罚。其法律根据为《刑法》第 67 条第 1 款：“犯罪以后自动投案，如实供述自己的罪行的，是自首。对于自首的犯罪分子，可以从轻或者减轻处罚。其中，犯罪较轻的，可以免除处罚。”

罪的界限，造成司法不公。本罪是抽象危险犯，且本罪为风险性行为的抽象危险犯，驾驶行为不论是否为规范的驾驶操作，其本身就对社会甚至对本罪法益具有侵害的风险，但不必然达到危险的程度。当醉酒驾驶状态下，本来社会利益是否仍存在盈余（即是否出现了危险）尚需要足够的证据方能尽量准确地证明，倘若再在这之上证明危险虽已达到，但尚不重大，等于又加上了一条模糊的界限，无法保证法律适用的准确，这已不知不觉陷入了将抽象危险界定为“造成具体危险的危险”这一理论错位，以此造成利用权势或钱财出刑及权力寻租的可能。其二，法律拟定的危险，本来就不能确定危险的大小，如果还允许“危害不大”的危险来推翻法律拟定的危险，立法的权威将摇摇欲坠，司法中只有将其认定为事实上没有危险的行为来推翻法律所拟制的危险，方存在正当性。

基于上述原因，本书赞同以“没有危害”出刑，具体到醉酒型危险驾驶罪，即本罪的抽象危险犯被推翻只能在具体个案中没有危险存在的情况。醉酒驾驶行为何以可能出现没有危险的情形呢？根据本书对危险的界定，只有在超出社会容忍的范围并耗尽社会利益盈余下，风险行为才具有危险。驾驶行为是一种风险行为，即使规范的驾驶也可能对社会造成侵害，越是不规范的操作风险就越大，对社会侵害的可能性越大，而醉酒驾驶就是最不规范的驾驶行为。但是，任何行为的风险，都不是由其行为性质本身单独决定的，是否形成相应风险必须借助具体个案中各种行为情状等事实综合判断，因此，即使是最不规范的驾驶行为，也有可能实际上出现驾驶行为带来的利益仍然大于其造成的风险。

本书认为，本罪的抽象危险被推翻只能在被反证其在具体个案中并没有危险的存在。理由有以下几点：其一，此时虽然操作违规，但社会仍然处于利益盈余的总状态，此时的操作违规只能成为行政处罚的理由，而此时社会仍然受益谈何都不能对行为人进行刑罚处罚。其二，没有危险存在的醉酒驾驶行为并不会造成本罪所保护的法益的侵害，而基于刑法保护法益的根本目的，没有侵犯法益的行为当然不能作为刑法的处罚对象。虽然醉酒驾驶罪保护的客体是特定陆路交通秩序，而醉酒驾驶行为当然侵犯了本罪保护的客体，但即便侵犯本罪客体，甚至满足其他几个犯罪构成要件，运用“情节显著轻微，没有危害”出刑也没有任何理论难题。理论上允许即使有危害但危害不大的行为出刑，甚至情节轻微的行为出刑，而本罪中没有存在法益侵害危险的情形下，该行为就根本没有产生危害，当然能依据“情节显著轻微，没有危害”出刑。其三，抽象危险犯的重要立法价值之一在于突破刑事诉讼程序上的举证难题。突破举证难题只是为了司法资源的节约，其当然不能禁止犯罪嫌疑人或被告人提出对自己有利的推翻抽象危险的证据，这既不损害司法资源，又能增强个案的公平，还能为抽象危险犯违反罪责原则的质疑提供有利的辩护。其四，醉酒驾驶型危险驾驶罪作为抽象危险犯的立法目的是将对本罪保护交通安全法益造成交通危险的行为提前进行干预，而根本不造成交通危险的行为作为本罪的对象，当然也不符合本罪设立的立法目的。其五，个案中介于“没有危险”及“有危险”之间很难判断时，对行为人作有利推定符合“情节显著轻微，危害不大”的本意。其本意并不是对任何没有危险的行为出刑，而是对危险很小不需要刑法处罚的行为出刑。最高人民法院前副院长张军同志也曾提出：“法院应慎重稳妥追究醉驾者责任，不应仅从文意理解只要达到醉驾标准，就一律构成刑事犯罪。”因为在审判实践中确实可能存在醉驾情节显著轻微的情况。① 本罪的抽象危险犯规范的驾驶行为是风险性行为，判断该风险是否已经达到危险的程度并不便于精确，当无法精确时，需要进行司法推定。此时便需要判断司法推定中作有利于行为人一方的推定还是不利于行为人的推定，由于“情节显著轻微，危害不大”本意是排除“危害不大”的行为，因本罪是风险性行为的犯罪而不能精确确定危险是否存在才采用“没有危害”的标准，但“没有危害”即本罪中没有驾驶危险不好判断时，既可能是社会还剩一点利益盈余，也可能是对社会的危害刚刚具备一点，无论是哪种情形，都没有逃出“危害不大”。因此，醉酒型危险驾驶罪以“情节显著轻微，没有危害”出刑并不是否认“危害不大”的运用，而仅在界限不清难以判断确切的危险是否形成的情形下，“危害不大”作为对行为人有利推定的法律依据是运用，这也符合中国文化精髓的“取法乎上，得乎其中”的道理。

五、“情节显著轻微，没有危害”的具体情形

“情节显著轻微，没有危害”的具体情形，也就是醉酒驾驶的行为在个案中不具备危险性甚至存在社会利益盈余的情形。本书认为，个案中“情节显著轻微，没有危害”的情形大致包括以下几种：（1）驾驶人血液酒精含量在80mg/100ml ~ 110mg/100ml之间的；（2）行驶于车流及人流较小路段的，如较偏僻的路段、较空旷的路段、公共或地下停车场；（3）行驶于深夜等车流及人流稀少时段的；（4）有特定的案发事由，如被劝酒且事后因未找到

---

① 张建宇：《从辽河地区危险驾驶案件看张军同志讲话的现实意义》，载《审判新视野》2015年第一辑，法律出版社2008年版。

代驾者而自己醉酒驾驶、为治病救人等目的；（5）发现自己难以操控机动车后及时停止驾驶的；（6）驾驶距离较短的，如在停车场移动车位的。

有关个案中“情节显著轻微，没有危害”的具体情形有两个问题需要说明：其一，上文所指的“驾驶距离”应结合行为人驾驶的目标距离和实际距离判断，仅仅驾驶的实际距离短，甚至刚刚启动机动车即被查处的，若有证据证明其欲前往的目的地距离较远，仍不宜认定为“情节显著轻微，没有危害”。其二，有许多学者将“尚未肇事”作为“情节显著轻微，没有危害”的情形之一，[①] 是值得商榷的。本书认为，行为人肇事与否应属于是否认定从重情节的判断标准，“尚未肇事”应为行为人未产生现实危险的本来含义，是对醉酒驾驶行为出刑的最基本的要求，不宜将其作为认定“情节显著轻微，没有危害”的情形之一。

另外，有关行为人主体及主观等情节也可作为判断个案中是否存在“情节显著轻微，没有危害”情形的参考，该情节大致有以下几种：（1）自首的；（2）归案后认罪态度较好的；（3）配合交警执法的；（4）属于未成年人或老年人的；（5）驾驶记录良好，没有违章记录的。

六、醉酒型危险驾驶罪“情节显著轻微，没有危害”的判断标准

由于实践中具体案件纷繁复杂，即便出现上述情形，还需要综合各种情况来判断行为人是否存在“情节显著轻微，没有危害”，那么，以什么标准来让行为人反证醉酒驾驶的行为在个案中

---

① 参见王志祥、敦宁：《危险驾驶罪探析》，载《中国刑事法杂志》2011 年第 7 期。

不具备危险性甚至存在社会利益盈余呢？

应当看到，存在社会利益盈余的情形是可能存在的，因为驾驶行为是风险性行为，规范的驾驶行为亦存在风险，但因此时社会利益处于盈余状态故允许驾驶行为的普遍存在。而危险驾驶行为只是导致风险的升高达到耗尽盈余从而造成危险的驾驶行为，可是社会利益盈余耗尽与否，仅从驾驶者体内酒精含量的多少难以准确判断，仍需结合其驾驶时的其他情状判断该醉酒驾驶的行为是否耗尽了驾驶行为的社会利益盈余。不可否认，醉酒驾驶的行为绝大多数都耗尽了社会利益的盈余，这也是立法将其规定为抽象危险犯的实践依据，但在每个具体的醉酒驾驶行为中，其耗尽社会利益盈余是有一个过程的，社会利益盈余的消耗程度与醉酒后行为人控制自己行为的能力成反比，与具体行为情状的风险程度成正比，因此，因具体个案行为人达到醉酒的酒精含量标准后对驾驶行为控制能力及行为情状的特殊性，必然存在被刑法拟制为抽象危险的醉酒驾驶行为实际上仍存在社会利益盈余的情形。下面的问题是，依据什么标准来判断社会利益是否存在盈余呢？

本书认为，醉酒驾驶行为是否存在社会利益盈余的判断，可以从两方面着手：一方面，从行为人本身的控制能力判断，在行为人本身的控制能力方面，可以允许行为人提出反证的请求，以证明自己存在良好的驾驶行为控制能力，如测试身体平衡性、走S线等。此处需要指出的是，可以根据医学的依据，明确绝对的醉酒标准，强制推定行为人在达到该标准后不可能存在良好的驾驶行为控制能力，以防权力寻租，如设置160mg/100ml的绝对醉酒标准。另一方面，从行为情状来判断当时其醉酒驾驶行为社会利益状况及风险性大小。

七、醉酒型危险驾驶罪“情节显著轻微，没有危害”的判断程序

醉酒驾驶行为运用“情节显著轻微，没有危害”出刑意味着对其拟制的抽象危险可以反证来推翻，但为了保证醉酒驾驶罪作为抽象危险犯立法在程序上节约司法资源的重要意义，必须要求反证应根据行为人的请求提出，且反证的证明责任由行为人承担。故醉酒型危险驾驶罪是否存在“情节显著轻微，没有危害”的判断程序分为两个阶段：

第一阶段，证明行为人的行为符合醉酒驾驶的法定标准，该阶段由警方承担举证责任，警方只需证明行为人驾驶的是机动车，体内酒精含量达到80mg/100ml的法定标准，且其行驶的路段是陆路，便完成其证明过程，这些证明都是具体而明确的，警方可以迅速作出准确的判断。

第二阶段，证明行为人的醉酒驾驶行为仍然存在社会利益盈余，该阶段由行为人承担证明责任，但办案民警应该提醒行为人有申请提出反证的权利。该阶段必须依行为人的请求启动，因为有许多情形即使在行为人看来也显然不存在社会利益盈余，这不仅为操作便利考虑，更为节约司法资源考虑。行为人可以从两个层面证明。首先，行为人可以证明自己具有良好的驾驶行为控制能力，当行为人体内酒精含量的标准在绝对醉酒标准以下时（如在设置160mg/100ml的绝对醉酒标准以下），应同意行为人的此项请求，测试行为人的驾驶行为控制能力，并以录像的形式固定证据；其次，行为人可以证明自己的醉酒驾驶行为具有社会利益且存在社会利益盈余，即风险性未超过其存在的社会利益。社会利益主要表现在行为人驾驶机动车带来的交通通行的便利程度，故不能仅凭醉酒驾驶人驾驶路程的长短来判断其具有危险性即耗尽了驾驶行为的社会利益盈余，

因为驾驶的路程越长，该驾驶行为的社会利益也越大，是否尚且具有社会利益盈余，还需主要考察风险性的大小。风险性的大小不仅要看当时通行路面的路况及其驾驶的是私家车还是载客的运营车辆，如果是私家车，其载人多少，是否超载，还要看是否有义务人的存在以协助驾驶风险的控制，即同乘人或社会公众是否主动协助其控制醉酒驾驶行为的风险，若存在此种情形，其控制风险的效果如何？如教练车上副驾驶配有的刹车装置、如倒车或停入车库时有义务人协助提醒路人不要靠近。

需要注意的是，第二阶段的证明中，存在可以直接拒绝行为人提出反证请求的情况。也就是当行为人的醉酒驾驶行为已经造成了具体危险或人身安全轻微伤以上的实害时，可以直接拒绝行为人提出反证的请求，因为此时的醉酒驾驶行为已经明确造成了具体危险或实害，当然不可能再存在社会利益盈余。

八、醉酒驾驶行为出刑的个案运用

（一）刘谋勇案[①]

本案中，刘谋勇醉酒驾车符合醉酒型危险驾驶罪的犯罪构成

---

① 本案基本案情：刘谋勇的朋友葛某驾驶刘谋勇的小轿车，送酒后的刘谋勇回到本市海珠区新港中路某花园地下负二层停车场，由于葛某未将车完全停入车位，被告人刘谋勇与其发生争吵，葛某将车钥匙还给被告人刘谋勇后离开现场，被告人刘谋勇遂驾驶该车由北往南倒车（根据公安机关现场勘验的道路交通事故现场图显示，移动约一个半车位），导致车尾碰撞停车场的消防栓，造成该车及消防栓损坏。后被告人刘谋勇与该地下停车场管理员祝某因消防栓损坏的赔偿事宜发生争执，祝某报警，被告人刘谋勇于当日20时许在本市海珠区新港中路某小区门口被公安人员抓获。经鉴定，被告人刘谋勇血液样品中检出乙醇（酒精）成分，其含量为132mg/100ml。判处被告人刘谋勇犯危险驾驶罪，免予刑事处罚。参见〔2011〕穗海法刑初字第454号。

要件。其地点是单位管辖范围内的地下停车库，本案的难点之一是地下停车库是否符合醉酒型危险驾驶罪的客观构成要件，根据本书在客观方面对“陆路”的界定，无论其是否属于封闭单位管辖内可供机动车行驶的路段，都应该属于本罪“陆路”的范围。且其达到醉酒的标准，并在醉酒状态下驾驶了机动车，属于危险驾驶罪中的醉酒驾驶行为，根据抽象危险犯的特点，其行为符合该罪规定的特定行为方式时，既已推定具有抽象危险，可以据此将其认定为犯罪。

接下来的问题是，若刘谋勇提出自己的醉酒驾车行为不存在危险，该如何证明呢？从刘谋勇的驾驶行为控制能力来看，其体内的酒精含量超出醉酒的标准并不多，且其路上均由朋友送至车库，可见主观上已经认识到醉酒驾驶的危险，驾车操作时当更为谨慎，如果案发当时民警依刘谋勇的请求对其驾驶行为控制能力进行测试，将令该罪的判断更为精确。从刘谋勇醉酒驾驶行为社会利益状况及风险性大小来看：刘谋勇在车库中开始驾驶机动车并将车停入车位，存在的社会利益是将车停入库中。其风险大小的判断可以根据其驾驶的整个过程只在将车停入库中，仅移动一个半车位，且在车子停入库中时车速很慢，不可能造成其他正在快速通行的车辆失控，而车库中行走的行人本身也会将自己的注意力集中，以防危险。可见刘谋勇在本案中醉酒将机动车移入库中的行为比规范驾驶下的行为增加的风险很小，其规范驾驶下停车入库存在的社会利益盈余应被视为未被耗尽，故并未造成事实上的危险，因而得以推翻立法中抽象危险的拟定从而可采取不起诉或免于刑事处罚等方式对其出刑。需要指出的是，刘谋勇虽然撞倒了车位上的消防栓，但这并不能认为已经造成实害，因为消防栓并不属于本罪保护的法益。

(二) 阿军案[①]

本案中，阿军醉酒驾车符合醉酒型危险驾驶罪的犯罪构成要件。本案阿军醉酒驾车的地点是小区，小区的路是否应为危险驾驶罪中的“陆路”为本案争议的焦点，依本书上文的论证，小区的路应属于“陆路”的范围，且阿军达到了醉酒驾驶的标准，故满足醉酒型危险驾驶罪的犯罪构成要件。剩下来需要如何判断本案中阿军的醉酒驾驶行为是否不存在危险即仍有社会利益盈余呢？从其控制能力上来看，其将边上的车剐擦，应属于控制能力较弱，但从其社会利益状况及风险性大小来看，社会利益是将车停入车位，而此时对本罪保护的法益即公共交通安全侵害的风险被控制在很小的范围内，其只在小区车位旁慢速行驶，虽剐擦旁边的车，但因该车属于静止的车辆，不可能造成该车失控，故并未增加公共交通安全的风险，且其没有喝酒的妻子在一旁辅助，控制了公共交通安全的风险，因此，该案中不宜认为阿军的醉酒驾驶行为存在危险，可据此推翻本罪抽象危险的拟制，从而可采取不起诉或免于刑事处罚等方式对其出刑。

---

① 本案基本案情：2011 年 5 月 1 日晚，阿军和妻子开车走亲戚，到第二天凌晨回家，一路上都是没有喝过酒的妻子开车。进入小区后，妻子找到一个停车位，但停不好车。喝过酒的他见此，就钻进驾驶室帮忙泊车。这时，另一辆车也准备停到这个车位，但被他抢先一步。前车司机另找车位停好车后，发现阿军不但没停好车，还把边上的车剐擦了，就说了他几句，两人因此发生争执。看到丈夫被打，阿军的妻子报了警。阿军身上散发出浓重的酒气，经检测，他血检酒精含量超出了醉酒驾驶的标准。参见《小区醉驾是否该入刑》，http：//zjfzb. zjol. com. cn/zjfz/html/2011 -05/26/content_ 5_ 1. htm. 最后访问日期：2016 年 5 月 15 日。

第四节 危险驾驶罪与相关犯罪的关系

我国《刑法》第 133 条之一规定，对危险驾驶罪同时构成其他罪的，按处罚较重的规定定罪处罚，该规定涉及危险驾驶罪的罪名转化问题。同时，危险驾驶行为还可能构成交通肇事罪、以危险方法危害公共安全罪、过失以危险方法危害公共安全罪、故意杀人罪、故意伤害罪、过失致人死亡罪、过失致人重伤罪、妨害公务罪等罪名，研究危险驾驶罪关联犯罪的问题，有助于司法实践中对危险驾驶行为准确定罪及量刑。因竞驶型危险驾驶罪和醉酒型危险驾驶罪分属具体危险犯和抽象危险犯，且两罪的客体分别为陆路交通安全和陆路交通秩序，故在研究危险驾驶罪与相关犯罪关系时，将竞驶型危险驾驶罪和醉酒型危险驾驶罪分开讨论较为科学。

一、竞驶型危险驾驶罪与相关犯罪的关系

追逐竞驶行为既包括为追求刺激的追逐竞驶，也包括不以追求刺激为目的的追逐竞驶。为追求刺激的追逐竞驶行为多表现为相约飙车，也有少数在陆路上行驶时临时起意的追逐竞驶；不以追求刺激为目的的追逐竞驶行为多为在陆路上行驶时临时起意的追逐竞驶。同为临时起意的追逐竞驶，区分是为追求刺激的目的还是不为追求刺激的目的如报复、拦截，关键在于判断个案中是否针对对方的恶性竞驶行为，如一车对另一车恶意地逼近、靠近时一车突转方向盘拦住对方路线令对方失控等。

为追求刺激目的和为报复、拦截目的的追逐竞驶行为在性质上存在较大差异：为报复、拦截目的追逐竞驶行为的危险性远大

于前者；且为追求刺激的追逐竞驶，属于必要的共同犯罪，没有实行过限的前提下，双方按同一罪名处罚；而不为追求刺激的追逐竞驶，不宜按共同犯罪的原理定罪量刑，各自对自己的行为承担责任。

追逐竞驶行为极少情况下触发相当于放火、爆炸程度的公共危险。① 因为追逐竞驶行为人大都为适格的驾驶员，其注意力大多集中于与目标车辆竞驶，若引发交通事故，其自己也将成为事故的受害方。虽然追逐竞驶、情节恶劣的行为引发交通事故的概率也非常高，但由于驾驶员本身具备一定的控制和驾驶能力，即使发生事故也很少引发相当于放火、爆炸程度，即随时可能极短时间内威胁不特定多数人的生命安全。故下文中本书对竞驶型危险驾驶罪的讨论中不涉及本罪与以危险方法危害公共安全罪及过失以危险方法危害公共安全罪的关系。

（一）为寻求刺激的追逐竞驶行为

为寻求刺激的追逐竞驶行为多表现为相约飙车的行为，该类行为所构成的竞驶型危险驾驶罪属于必要的共同犯罪，构成本罪必须有两个或两个以上参与竞赛或飙车的行为人。为寻求刺激追逐竞驶的行为人对实害结果的发生一般为过于自信的过失，不会

---

① 穷尽研究思考，本书只能预想到两类追逐竞驶行为触发相当于放火、爆炸程度公共危险的情形：在车流、人流量很大的路段高度醉酒追逐竞驶和不具备驾驶能力追逐竞驶的，高度醉酒驾驶机动车的，本书将在后文涉及。有关不具备驾驶能力的行为人并不仅要求形式上其尚未获取驾照，而且必须出现其严重违反交通规则或严重缺乏驾驶常识的事实予以证明。在不具备驾驶能力的行为人在车流、人流量很大的路段追逐竞驶的场合，若未发生具体危险，不宜认定为犯罪；若发生具体危险，认定为第 114 条以危险方法危害公共安全罪；若发生致人重伤、死亡等实害，认定为第 115 条以危险方法危害公共安全罪。

出现间接故意的场合，即使可能存在，在实害发生前也无法证明。①

在行为人对实害结果为过失心态的情况下，若发生重大事故，符合交通肇事罪的构成要件时，寻求刺激追逐竞驶的行为应认定为交通肇事罪；若尚未发生重大事故，但已出现具体危险的，寻求刺激追逐竞驶的行为应认定为危险驾驶罪。

实践中也存在为追求刺激的追逐竞驶人犯意转化的情形。其对实害结果的心态从过于自信转化为间接故意的情形，此时发生实害就不能再适用交通肇事罪。行为人为追求刺激追逐竞驶虽然无不宣称自己认为可以控制驾驶风险，至其不产生实害，但总存在一些情况行为人的自信是没有依据的。其自信不存在依据从而认定为间接故意的心态有两种情况：一是行为人发生致人轻伤以上或撞车的交通事故后，其对自己驾驶行为的自信便失去依据，主观心态由过于自信的过失转化为间接故意。本书上文已述，因危险性达不到与放火、爆炸相当的程度，其侵犯的客体不宜认定

---

① 有学者从驾驶的外部环境情状即时速和路况等判断，如两人相约在限速30公里的人群密集的地方以时速为100公里追逐竞驶，即使甲乙称凭着自己的驾驶技巧能够避免人员的伤亡，但这种自信是没有任何依据的。参见陈春娥：《论危险驾驶罪的界定及其立法完善》，载《湖北行政学院学报》2012年第5期。但是，驾驶行为中行为人的自信与其他行为不同的是，整个驾驶过程中机动车一直处于行为人的操控之下。在行为人相信自己能够避免具体危险，整个驾驶过程都由其掌控，且驾驶过程也未发生任何具体危险的情况下，驾驶行为外部环境的情状难以有效证明行为人放任的心态，仍以该情状强制推翻行为人的过于自信心态是缺乏根据的。行为人称其有这样的技术，只有在驾驶过程中发生实害或者出现某些情况证明其技术不足以阻止实害发生后仍继续追逐竞驶的，才能根据其所处的驾驶环境推定行为人的放任心态。

为第114条以危险方法危害公共安全罪的公共安全，故其间接故意的心态是对于陆路上具体个人而言。如果此时行为人仍然继续保持之前的驾驶方式追逐竞驶，若造成他人轻伤以上、死亡、重大财物毁损等后果，宜分别认定为故意伤害罪、故意杀人罪及故意毁坏财物罪，其与本来构成的危险驾驶罪为想象竞合犯，从一重处断。二是行为人发生符合交通肇事罪构成的重大事故的后果时，继续保持之前的驾驶方式追逐竞驶，其主观心态也应认定为已转化成间接故意，且行为人没有采取措施防止损失扩大继续追逐竞驶时应认定为存在逃逸情节。由于2000年11月最高人民法院发布的《关于审理交通肇事刑事案件具体应用法律若干问题的解释》（以下简称《交通肇事解释》）中明确了交通肇事罪逃逸的加重处罚办法，故应以交通肇事后逃逸进行处理，如果在继续保持之前驾驶方式追逐竞驶时造成他人轻伤以上、死亡、重大财物毁损等后果，宜分别认定为故意伤害罪、故意杀人罪及故意毁坏财物罪，其行为人与本来构成的交通肇事后逃逸的犯罪数罪并罚。需要说明的是，如果追逐竞驶的过程中只有一方出现了犯意转化，因超出了追逐竞驶共同犯罪的实行限度，与其竞驶的另一方不应承担犯意转化一方超出实行限度行为的刑事责任，仅认定为危险驾驶罪即可。

（二）为报复或拦截的追逐竞驶行为

为报复或拦截的追逐竞驶行为绝大多数为临时起意，由于某种原因如斗气、争执引起，且随着时间的推移，报复或拦截者的情绪将越发高涨以致失去理智，其比单纯寻求刺激的追逐竞驶行为更具危险性甚至暴力性。为报复或拦截的追逐竞驶可以双方互相报复或拦截，也可仅一方对另一方进行报复或拦截。其与为刺激而追逐竞驶的行为根本区别在于为追求刺激参与追逐竞驶的行为人之间较为和睦，多为熟悉、关系较好的人；为报复或拦截的行为人之间多为敌对关系。为报复或拦截而进行的追逐竞驶行为类似于斗殴，只不过斗殴仅涉及个人之间的法益，而为报复或拦截的追逐竞驶行为不仅涉及追逐竞驶双方的法益，更关系到竞驶型危险驾驶罪主要保护的陆路交通安全法益。

为报复或拦截的追逐竞驶行为中，进行报复或拦截的追逐竞驶行为人，对被拦截的一方和陆路上的其他车辆或他人造成实害后果的主观方面是不同的：一方面，其对被拦截一方的人身损害等实害结果持间接故意的心态。因其明知采取危险的驾驶方式紧逼对方极易导致对方的车辆失控，且其对被拦截一方是敌对的态度，故其对报复或拦截而采取的追逐竞驶行为将导致对方车辆失控乃至生命健康受侵害的结果至少是间接故意的态度。另一方面，其对陆路上其他车辆或他人造成实害结果应认定为过于自信过失的心态，因其他车辆或他人并非行为人的报复或拦截目标，其并不愿意看到无辜者被自己撞致死伤，且行为人在报复或拦截对方车辆的过程中也会采取必要的措施尽量避免无辜者受害，故其对其他车辆或他人造成实害的心态为过失。

有关此类追逐竞驶行为的认定，当未出现符合其他犯罪构成的实害结果时，而仅出现危害陆路交通安全的具体危险时，对实施了报复或拦截的追逐竞驶行为定为危险驾驶罪。当出现符合其他犯罪构成的实害结果时，宜按情况的不同区别对待，其主要有以下几种情况：其一，仅对被报复或拦截的一方造成轻伤以上后果或严重财产损失的，按危险驾驶罪和故意伤害罪、故意杀人罪或故意毁坏财物罪的想象竞合犯处理，从一重罪处断；其二，仅对其他车辆或他人造成重伤以上后果或严重财产损失的，仅定为交通肇事罪，；其三，既造成被报复或拦截的一方轻伤以上后果或严重财产损失，又造成其他车辆或他人重伤以上后果或严重财产损失，按交通肇事罪和故意伤害罪、故意杀人罪、故意毁坏财物罪的想象竞合犯，从一重罪处断。

该类追逐竞驶行为人也存在犯意转化的场合，当报复或拦截的行为人造成其他车辆严重损坏或他人轻伤以上实害后果后，仍然继续其追逐竞驶行为的，应认定为行为人对其他车辆或他人损害的心态由过于自信的过失转化为间接故意，此后的追逐竞驶行为中若再出现他人轻伤以上后果或数额较大财物情形的，应认定为故意伤害罪、故意杀人罪或故意毁坏财物罪，与危险驾驶罪属于想象竞合犯。需要注意的是，危险驾驶罪是继续犯，若在行为人追逐竞驶的过程中先后构成故意伤害罪、故意伤人罪、过失致人重伤罪、过失致人死亡罪的，应当数罪并罚。

二、醉酒型危险驾驶罪与相关犯罪的关系

醉酒型危险驾驶罪侵犯的客体是陆路交通秩序，最高人民法院 2009 年 9 月发布《最高人民法院关于印发醉酒驾车犯罪法律适用问题指导意见及相关典型案例的通知》（以下简称《醉酒驾车典型案例》），表达了严惩醉酒驾驶行为的立场，醉酒型危险驾驶罪属于 2011 年新增订的罪名，如何处理其与相关犯罪的关系，值得研究。

（一）对实害结果持故意态度的醉酒驾驶行为

醉酒驾驶行为对实害结果持故意态度既包括出于报复社会目的，也包括非出于报复社会的目的。出于报复社会的目的而醉酒后驾驶机动车去撞人的，其对实害结果所持的心态为直接故意的心态，较好理解。当行为人并无报复社会的目的而醉酒驾驶的，是否也存在其对实害结果持间接故意的情形，学界存在争议。一

般认为，间接故意和过于自信过失的判断主要看行为人是否否认实害结果的发生以及其是否采取措施避免，按此推论，醉酒驾驶案件中行为人醉酒后驾驶的均不会愿意看到交通事故的发生，且会尽自己所能避免，故很难将其认定为持有间接故意；有学者认为行为人明知醉酒还驾车行驶在人群多的地段，应一律认为存在间接故意。[①] 本书认为，即使行为人醉酒后驾驶的均不会愿意看到交通事故的发生，且会尽自己所能避免，但这并不能当然否认行为人对实害结果的间接故意心理态度。对于实害结果的发生是否间接故意应该从实害结果发生的概率及当事人是否采取有效措施避免综合判断：一方面，判断行为人醉酒驾驶行为危险性的大小，行为人控制车辆的能力、行驶路段车流人流的大小、具体行车方式如是否逆行等都可以作为判断因素，行为人控制车辆的能力需结合体内酒精浓度和行为人身体平衡状态判断；另一方面，判断行为人是否采取了相应措施控制风险，如是否控制在合理速度行驶，是否有清醒且有驾驶经验的同伴同行等，且这些措施是否能有效防止交通事故的发生。如果其醉酒驾驶行为的危险性越高，对防止交通事故措施的有效性要求也相应更高。当具体案件中，行为人醉酒驾驶的行为危险性极高且无有效措施避免交通事故的，可以推定其对实害结果持间接故意的态度。例如，行为人醉酒几近失去意识仍坚持驾驶的、行为人高度醉酒仍上高速驾驶的。

醉酒驾驶行为人对实害结果持故意态度仍驾驶的行为，应区分其危险是否达到相当于放火、爆炸的程度，判断醉酒驾驶行为是否存在相当于放火、爆炸危险的两个重要指标是行为人高度醉

① 参见蒋熙辉：《危险驾驶罪若干问题再探》，载《人民检察》2012 年第 19 期。

酒无法控制车辆及其行驶的路段属于高速公路或车流、人流很大的路段。

当行为人对实害结果持故意态度醉酒驾驶且发生实害时：如果其具备相当于放火、爆炸的危险程度，且致人重伤以上的，构成115条第1款的以危险方法危害公共安全罪；若具备该危险程度但未发生致人重伤以上实害的，构成第114条的以危险方法危害公共安全罪，两者均属于与危险驾驶罪的想象竞合犯，从一重处断。当其不具备相当于放火、爆炸的危险程度，致人轻伤以上后果或财物毁坏数额较大的，构成故意杀人罪、故意伤害罪或故意毁坏财物罪，与危险驾驶罪成立想象竞合犯，从一重处断。

当行为人对实害结果持故意心态醉酒驾驶但未发生相应实害时：如果其具备相当于放火、爆炸的危险程度，未发生致人重伤的实害，但发生了致人轻伤的后果或出现了具体危险，构成第114条的以危险方法危害公共安全罪，需要提醒的是，当仅仅出现具体危险时，认定该行为是否具备相当于放火、爆炸危险程度的要求就应更加严格，以确保司法判断的准确。如果其不具备相当于放火爆炸的危险程度，且未发生致人轻伤以上或数额较大财物毁坏的实害时，只构成危险驾驶罪。

（二）对实害结果持过失态度的醉酒驾驶行为

对实害结果持过失态度的在醉酒驾驶行为总数中占绝大部分，在对实害结果持过失态度的行为人中，其醉酒驾驶不存在报复社会或直接故意杀害他人的目的，且就其危险性及驾驶路段判断也不具有间接故意心态。在这部分不能被推定为具有间接故意心态的行为人中，其行为至多是在高度醉酒的状态下行驶于人流及车流不大的路段，或者未达高度醉酒状态而行驶于人流或车流较大的路段，无论何种情况，都不应认定为其醉酒驾驶行为存在相当于放火、爆炸程度的危险，故对实害结果持过失态度的醉酒驾驶行为一般不会侵犯到第114条所保护的公共安全法益。

对实害结果持过失心态的该类行为中，若发生了重大事故的实害，符合交通肇事罪犯罪构成的宜按交通肇事罪处理；若未发生重大事故的实害，应认定为危险驾驶罪。若行为人被查处时存在妨碍公务的行为，构成妨害公务罪的，应与前罪数罪并罚。

此类行为也存在犯意转化的情况，当行为人造成他人轻伤以上后果或发生交通事故后，仍然继续保持醉酒驾驶行为的，应据此判断行为人对自己不会造成实害结果的自信缺乏根据，其主观心态已由过于自信的过失转化为间接故意，此后若再发生致人轻伤以上后果或毁坏财物数额较大的，应分别认定为故意杀人罪、故意伤害罪、故意毁坏财物罪，与危险驾驶罪属想象竞合犯，从一重罪处断。若造成重大事故后驾车逃逸的，按《交通肇事解释》有关规定定罪量刑。

三、危化型危险驾驶罪与相关犯罪的关系

《刑法修正案九》增设危化型危险驾驶罪将违反危险化学品安全管理规定运输，危及公共安全的行为作为犯罪处理，从而强化对危险化学品安全运输的管理，遏阻危险化学品所具有的危险特性对公共安全造成损害。从我国刑法的有关规定来看，除针对违规运输危险化学品构成的危险驾驶罪外，尚有刑法第125条关于运输爆炸物以及毒害性、放射性、传染病病原体等危险物质所构成的“非法运输爆炸物罪”和“非法运输危险物质罪”，以及刑法第136条关于违反爆炸性、易燃性、放射性、毒害性、腐蚀性物品的管理规定，在运输环节发生重大事故，造成严重后果所构成的“危险物品肇事罪”。这三个罪名也涉及运输环节中违反相关安全

管理规定的某些危险行为，但各罪分别侧重的运输行为的性质和内容又各不相同，因此，如何泾渭分明地区分危化型危险驾驶罪与其的界限则成为司法实践中的问题。

首先，尽管前述四个罪名均属对危险物质运输行为的调整，但所针对的犯罪对象却又并不相同，属于对不同类别危险物质安全运输的刑法规制。危化型危险驾驶罪的犯罪对象是“危险化学品”，而非“危险物质”。根据《危险化学品安全管理条例》的定义，“危险化学品”专指具有毒害、腐蚀、爆炸、燃烧、助燃等性质，对人体、设施、环境具有危害的剧毒化学品和其他化学品。就种属关系而论，“危险化学品”是“危险物质”的下属类别，只是部分“危险物质”。判断是否属于“危险化学品”通常根据“危险化学品目录”比对即可。而“非法运输爆炸物罪”犯罪对象仅限于“爆炸物”，“非法运输危险物质罪”的犯罪对象为“毒害性、放射性、传染病病原体等危险物质”以及“危险物品肇事罪”的犯罪对象“爆炸性、易燃性、放射性、毒害性、腐蚀性物品”，这两类危险物品（物质）均包括但不限于“危险化学品”。

其次，前述四个罪名的实行行为的性质和内容不尽相同。“非法运输爆炸物罪”与“非法运输危险物质罪”中运输爆炸物或者危险物质的行为属于“非法运输”，而危化型危险驾驶罪与“危险物品肇事罪”中运输危险化学品或者危险物品的行为只是“违规运输”。“非法运输”是违反有关法规，转移爆炸物或者危险物质，其运输行为本身就不合法，而“违规运输”中运输行为本身并未违反相关法规，是合法行为，只是在运输过程中违反了有关危险化学品或者危险物品的安全管理规定。一般来说，“法规”通常是针对危险物品生产、储存、运输、经营、使用环节中，为防止危险物品的危险特性造成损害的相对基础和原则的规定，违反“法规”运输危险物品相应地会对公共安全造成更为严重、紧迫、现实的危险，这种危险一旦现实化，将造成难以预计和难以控制的重大损害后果，但“违规运输”对公共安全造成的危险本身属于抽象危险，危险程度相对缓和。正因如此，刑法第125条对非法运输爆炸物罪与非法运输危险物质罪配备了“三年以上十年以下有期徒刑”与“十年以上有期徒刑、无期徒刑或者死刑”两档法定刑，罪及死刑表明该两罪属于刑法规定的最为严重的犯罪之一，这与法定刑仅为“拘役，并处罚金”的危险驾驶罪简直就是天壤之别。

最后，危化型危险驾驶罪与危险物品肇事罪虽然均要求在运输过程中违反有关安全管理规定，即违规运输是两罪成立之共同前提，但两罪也存在明显的区别：一方面，两罪对法益侵害的具体程度不同。危化型危险驾驶罪属于具体危险犯，其成立不要求“造成严重后果”，只需要“危及公共安全”，其具有对陆路交通安全造成实害的密切可能性即可，不要求出现实害结果。但是，危险物品肇事罪属于实害犯，行为人违规运输危险物品必须对公共安全造成具体损害，即违规运输危险物品发生重大事故，对多数或者不特定人的生命、健康或者重大公私财产造成了客观、现实、重大的损害。另一方面，两罪的主观方面的表现形式不同。危化型危险驾驶罪是间接故意犯罪，行为人主观上认识到违规运输危险化学品对陆路交通安全造成的具体危险，并持放任态度，但危险物品肇事罪的主观方面为过失，即行为人因为疏忽大意没有认识到其违规运输危险物品会发生重大事故，并造成严重后果，或者已经认识到自己的违规运输危险物品会发生重大事故并造成严重后果，但因为轻信自己可以避免重大事故的发生，当然这种轻信须存在一定的事实基础，而非凭空的无根据的盲目自信。危险物品肇事罪的构成要求行为人主观上对违规运输行为的严重后果持过失的心理态度，但并不否认行为人故意实施违规运输行为，行为人完全可以是在已经认识到自己运输危险物品的行为违反危险物品的安全运输的有关规定，但仍放任自己的违规运输行为。就此来说，危险物品肇事罪能够包容危化型危险驾驶罪，危化型危险驾驶罪是危险物品肇事罪的“前置罪名”，其设立初衷在于：防止违规运输危险化学品所内含的危及公共安全的具体危险现实化为严重后果，将刑法保障公共安全的防线前移，实现刑法对违规运输危险化学品的潜在风险和危害后果的全面防范与有效规制。因此，如果行为人违规运输危险化学品，危及公共安全，但尚未发生重大事故，并未造成严重后果的，由于违规运输行为只是对陆路交通安全造成具体危险，理应以危险驾驶罪论罪科刑。如果行为人违规运输危险化学品，发生重大事故，造成严重后果，则以危险物品肇事罪定罪处罚。

四、宜增设危险驾驶致死伤罪

有必要指出的是，按我国刑法第 133 条第 3 款的规定，[①] 有刑法中禁止的危险驾驶行为，并造成重大交通事故的，应当依照交通肇事罪定罪处罚。即依该款的规定，危险驾驶行为造成重大事故的，被交通肇事罪吸收，这是值得商榷的。

驾驶行为造成的“危险”，是超出社会允许的范围并耗尽社会利益盈余后出现的情形，交通行为的本质属性在于其属于风险性的行为，陆路交通安全从公共安全中单列出来，其原因便在于陆

① 该款规定：有刑法中禁止的危险驾驶行为，同时构成其他犯罪的，依照处罚较重的规定定罪处罚。

路交通行为的风险性。社会允许规范驾驶行为的存在并为驾驶行为分担其造成的一部分风险，这也是为何交通肇事罪和过失致人死亡罪对同样实害处罚后果轻重有别。但需注意的是，交通肇事罪中所指“违反交通运输管理法规”的行为，只能是一般违法的交通行为。对于危害性达到犯罪的危险驾驶行为，国家已经通过最严厉的刑事立法明文禁止，社会不可能像对待一般违法交通行为一样，为危险驾驶行为分担其风险。交通肇事罪由于社会分担驾驶风险而降低其可责性的理由，在危险驾驶行为导致重大事故时不能适用，也即交通肇事罪并不具备作为危险驾驶罪结果加重犯的资格。故危险驾驶行为造成重大事故的，其法定刑必须高于交通肇事罪。

再者，危险驾驶行为造成重大事故的，其法定刑还应高于一般过失致人重伤、死亡的犯罪。危险驾驶行为以危险犯的立法模式进入刑法规制后，刑法已经明示了该行为的高度危险性，由此对从事危险驾驶活动的也比仅有一般过失的行为人具有更高的可责性。因而，从事危险驾驶活动因过失造成重大事故的，当比从事一般活动因过失造成同样结果的处罚更加严厉。故危险驾驶行为造成重大事故的，其法定刑也应高于过失致人重伤罪、过失致人死亡罪。

另外，本罪中危险驾驶行为的危险性尚不及放火、爆炸等行为，故危险驾驶行为造成重大事故的，其法定刑应低于刑法第 115 条第 2 款的过失以危险方法危害公共安全罪。

因此，需增设危险驾驶致死伤罪作为危险驾驶罪的结果加重犯，并设计高于过失重伤罪、过失致人死亡罪，且低于过失以危险方法危害公共安全罪的法定刑，这样才能达到罪刑相适应的要求。

第五节 司法解释的完善

为依法惩处醉酒驾驶机动车犯罪，维护公共安全和人民群众生命财产安全，2013 年 12 月 18 日，最高人民法院、最高人民检察院、公安部制定了《醉酒驾驶意见》，对一些已达成共识的问题作了明确规定。如“醉酒”的含义、“道路”和“机动车”的范围、从重处罚的具体情形、强制措施的适用等。但该《醉酒驾驶意见》就“追逐竞驶”的认定、“情节恶劣”的认定、醉酒驾驶出刑的具体情形等争议较大的问题均未作出规定，尚不能充分指导各法院对危险驾驶罪的司法适用。

一、相关司法解释亟待完善

刑法中设立危险驾驶罪以来，由于司法解释的缺位，司法实践中各地的执法尺度不一，地区间法律适用差异大，造成各地在不起诉、量刑、缓刑适用方面差异较大，① 例如，北京、江苏等一些省市适用缓刑率极低，而广东省适用缓刑率占 50% 以上。司法解释的缺位还造成各地在“追逐竞驶”、“情节恶劣”的认定上陷入困境，导致竞驶型危险驾驶罪的适用率极低。②

从危险驾驶罪的受案数量来看，江苏、浙江、福建、广东、

① 参见宋世明等：《统一执法尺度全力预防酒驾高发》，载《江苏法制报》2013 年 6 月 13 日第 4 版。

② 如北京市朝阳区从 2011 年 5 月至 2013 年 5 月，危险驾驶的类型均为醉酒驾车型的危险驾驶案件，尚无竞驶型的危险驾驶案件。参见辛祖国、吴小军：《危险驾驶入刑五大问题困扰司法实践》，载《人民政协报》2013 年 5 月 27 日第 B4 版。

河南5省危险驾驶罪占全国的57%，其中浙江省占17.44%、江苏省占14.92%，新疆无案例。浙江在人们印象中饮酒习惯、守法习惯是较好的，危险驾驶罪却属全国最多；东北、西部喝酒多的地方，发案率却很低。造成这种现象的原因在于，浙江省公安机关、检察院及法院定罪处刑意见明确，其规定了不起诉、免予刑事处罚、判处缓刑、判处拘役的具体情形，① 有确定尺度后，一线公安机关放手执法，故其危险驾驶罪的受案数量最多。应当看到，在危险驾驶罪的受案量上，受案多并不必然意味着其醉酒驾驶行为高发，却能说明刑法中有关醉酒驾驶罪的规定在该地得到了良好的实施。可见，确定的尺度对各地危险驾驶罪的适用极为重要，有关“追逐竞驶”、“情节恶劣”、不起诉的情形、免于刑事处罚的情形、缓刑的情形等重要问题甄待完善司法解释予以明确。

二、司法解释完善的建议

我国现行的《醉酒驾驶意见》尚有一些重要问题未予明确，且未规定竞驶型危险驾驶罪的有关内容，建议将其名称改为《关于办理危险驾驶机动车刑事案件适用法律若干问题的意见》，并进一步充实其内容。本书拟在本书研究成果的基础上为司法解释的完善提供若干建议。

（一）醉酒型危险驾驶罪相关解释的完善

《醉酒驾驶意见》对醉酒型危险驾驶罪司法适用的部分问题进行了明确，有助于此类案件的规范适用，特别是一些程序方面的

---

① 参见《浙江省公安厅关于办理危险驾驶刑事案件有关问题的通知》，浙江省高级人民法院、浙江省人民检察院、浙江省公安厅关于印发《关于办理“醉驾”犯罪案件若干问题的会议纪要》的通知（浙高法〔2012〕257号）。

规定解决了各地在查处醉酒驾驶行为中碰到的许多难题，如其明确了对逃避血液酒精含量检查的处理。但其仍存在一些不完善之处，如其在“道路”的认定方面尚显模糊，且缺少醉酒驾驶行为出刑的情节等，本书认为，司法解释中醉酒型危险驾驶罪的相关规定重点需增加以下条款：

第一，本罪所称的“道路”应理解为陆路，具体包括以下路段：

（1）公路；

（2）城市道路；

（3）虽在单位管辖范围但允许社会机动车通行的地方；

（4）村镇街道；

（5）封闭单位管辖范围内可供机动车行驶的路段。

第二，醉酒驾驶机动车，具有下列情形之一的，可认定为“情节显著轻微，没有危害”，当不存在规定的从重处罚情形时，对认罪的被告人可以依法适用缓刑：

（1）驾驶人血液酒精含量在 80mg/100ml ~ 110mg/100ml 之间的；

（2）行驶于车流及人流较小路段的，如较偏僻的路段、较空旷的路段、公共或地下停车场；

（3）行驶于深夜等车流及人流稀少时段的；

（4）有特定案发事由的，如被劝酒且事后因未找到代驾者而自己醉酒驾驶、为治病救人等目的；

（5）发现自己难以操控机动车后及时停止驾驶的；

（6）驾驶距离较短的，如在停车场移动车位的。

第三，存在本意见依法适用缓刑的情形，且具有下列情形之一的，可以依法不起诉或免予刑事处罚：

（1）自首的；

（2）归案后认罪态度较好的；

（3）配合交警执法的；

（4）属于未成年人或老年人的；

（5）驾驶记录良好，没有违章记录的。

（二）竞驶型危险驾驶罪相关规定的增补

现行司法解释中没有竞驶型危险驾驶罪的相关规定，本书建议增补以下有关条款：

第一，机动车在陆路上，为竞赛、追逐或拦停其他特定机动车，以反复并线、频繁穿插、不保持安全距离、强闯红灯等违法方式行驶的危险驾驶行为应当认定为“追逐竞驶”行为。

第二，机动车驾驶人在陆路上追逐竞驶，具有下列情形之一，且已产生具体危险的，应当认定为“情节恶劣”，依法追究刑事责任：

（1）酒后、吸食毒品后追逐竞驶的；

（2）无驾驶资格的；

（3）超过最高时速50%的；

（4）多次闯红灯行驶的；

（5）多次穿插前车的；

（6）途径车流和人流密集地段的；

（7）在车行、人行高峰时段追逐竞驶的；

（8）驾驶存在安全隐患机动车的；

（9）驾驶拼装、改装、报废机动车的；

（10）无号牌、使用伪造变造号牌、不按规定安装号牌，或者遮挡、污损号牌的。

第六章　危险驾驶罪的立法完善

第一节　危险驾驶罪刑事立法的缺陷及完善

我国有关危险驾驶罪的刑事立法重点运用了危险犯的模式，在保障陆路交通安全方面取得了显著成效，然而，危险驾驶罪的刑事立法还存在一些不足之处，有待进一步完善。

一、“道路”界定的混淆及纠正

危险驾驶罪的立法中，使用了“道路上”的表述，以限定该罪的范围不在私人领域，也不在交通领域，其立法意图值得肯定。但是，在《道交法》中“道路”的用法和本罪中“道路”的用法存在重要的区别，《道交法》中规定的“道路”，只是为了区分严重的秩序违反行为和不够严重的秩序违反行为。对于不够严重的秩序违反行为限缩处罚范围，将处罚范围限缩于“道路”上，而对于严重的秩序违反行为如酒后驾驶、超员驾驶，并不限于道路。而我国的现状是将刑法和《道交法》中的道路等同使用，这样便产生了许多道路的认定上的司法难题。

有关“道路”的界定导致的混淆可以通过立法上纠正词语的表述及司法上明确的解释进行完善。在立法上，宜改用陆路一词，因道路的用法不仅已经在《道交法》中专门作为专业术语，且在具体生活中又经常使用，含义极其不明，不利于本罪的认定，也不利于本罪所应具有的法的教育功能。而改用陆路一词，可以避免上述困扰，陆路即可区分于铁路，又表示具体的可供通行的路，且尚未被社会普遍使用，宜在此时机将其作为刑法的专业术语，以实现刑法本罪抽象危险犯的积极一般预防，且助于司法认定。在司法上，应该及时出台对陆路涵义的具体解释，结合本罪陆路交通的犯罪客体，兼顾实践操作的可能。

二、处罚体系的缺位及补充

危险驾驶罪的处罚较轻，为拘役和罚金，其虽然在交通犯罪的危险犯立法上迈出了重要的一步，但其也存在处罚体系缺位的情形。具体而言，本罪规定的醉酒型危险驾驶罪规定了抽象危险犯，但是比抽象危险犯更严重的还有具体危险犯、实害犯及后果严重的实害犯，而抽象危险犯的醉酒型危险驾驶罪之上，只处罚严重实害犯的交通肇事罪，这样，同样是醉酒驾驶行为，当其构成危害性存在明显差别的抽象危险犯、具体危险犯、实害犯，都共用同一个刑罚档位，而且是最轻的刑罚档位，容易造成罪刑的不均衡。同样的情况，也出现在本罪中追逐竞驶型危险驾驶罪的立法规定上。

要实现处罚体系的协调和系统，必须增加对同一行为处于不同状态下区分处罚的规定，以现有的刑罚档位为基础，逐步往上升，直到与交通肇事罪的衔接。具体到醉酒型危险驾驶罪而言，应修改为："在陆路上醉酒驾驶机动车的，处拘役，并处罚金；醉酒驾驶机动车足以造成人员伤亡或公私财产遭受重大损失的，处一年以下有期徒刑或拘役，并处罚金；醉酒驾驶机动车，致人轻伤以上后果的，处二年以下有期徒刑或拘役”。

三、行为种类的单一及充实

危险驾驶罪归根结底还是为了保障交通安全，将已经实践证明的严重威胁交通安全的行为通过抽象危险犯的立法进行规制，将尚未证明是造成严重威胁交通安全或虽已证明但难以将行为方式特定化的行为通过具体危险犯的立法进行规制。

而当前的危险犯立法只将民众呼声最高的两类危险驾驶行为纳入犯罪，虽反映了民意，但不能说实现了科学立法。在行为类型的完善上，一方面，宜将严重威胁交通安全且能通过特定行为方式固化的危险驾驶行为作为本罪抽象危险犯，如醉酒操控航空器、船只的行为等应以本罪醉酒型危险驾驶罪的抽象危险犯立法模式规制。另一方面，在条件成熟的前提下，将其他已被证明将造成严重威胁交通安全担忧无法特定化行为方式的驾驶行为以具体危险犯的立法模式纳入危险驾驶罪，如违反特定交通规则的吸毒驾驶、疲劳驾驶、怒驾行为以及从事货运业务的车辆严重超载或超速驾驶行为等。

四、危险犯罪状设计的纠缠及厘清

作为具体危险犯的竞驶型及危化型危险驾驶罪在罪状设计上不够科学，其以“情节恶劣”或者“危及公共安全”作为本罪的限定，且将其与抽象危险犯放在同一条文中，让具体办案的司法机关摸不着头脑。

危险驾驶罪在罪状的设计上，将具体危险犯和抽象危险犯的罪状放在同一条文中，十分不协调，这也是造成当前立法下，对该罪名的混淆和争议大量存在的重要原因。抽象危险犯和具体危险犯的立法模式存在重要区别，虽可以共用同一档刑，但其认定上完全不同，故宜将该罪中具体危险犯的竞驶型及危化型危险驾驶罪和抽象危险犯的醉酒型及“双超”型危险驾驶罪区分开，分为两个条文规定。

在危险犯的罪状设计上，需要将具体危险犯和抽象危险犯区分开，而具体危险犯的表述宜将“情节恶劣”改为“足以造成人员伤亡或公私财产遭受重大损失的”或者统一使用“危及公共安全”措辞，这一具体危险犯的规范表述。

第二节　危险驾驶罪出刑新机制的构建：缓起诉制度

正如日本学者所言：“区别于一般犯罪，交通犯罪的明显特征在于大量性和划一性，不只是不可能按照通常的刑事程序处理交通犯罪，而且还会导致‘刑罚通货膨胀’和刑罚感受力下降等令人不愉快的结果。”① 为了快速、高效、科学、合理追究行为人危险驾驶罪的刑事责任，必须根据危险驾驶罪的具体特点建构与之相宜的程序机制。由于危险驾驶罪中醉酒驾驶占了绝大多数比例，如何慎重追究醉酒型危险驾驶罪的刑事责任，构建司法上能与之对接的出刑机制，则成为目前司法实践中尤为重要的问题。

一、探寻危险驾驶罪出刑新机制之必要

对于达到醉酒标准的案件，若行为人非为未成年人，我国目前可供选择的出刑机制只有两个：通过检察院的酌定不起诉和法

① ［日］森本益之等：《刑事政策学》，戴波等译，中国人民公安大学出版社2004年版，第257页。

院的免于刑事处罚机制。然而，这两个机制在危险驾驶罪的出刑方面都不尽如人意：

一方面，检察院在危险驾驶案件中运用酌定不起诉效果不理想。检察院的酌定不起诉适用的法律后果是释放嫌疑人，并建议有关主管机关对其进行行政处罚等。[①]《道交法》在2011年为协同《刑法修正案八》增设的危险驾驶罪而修改时，明确删除了对醉酒驾驶的行政拘留、罚款的处罚决定，其立法用意十分明确：有关醉酒驾驶的案件，行政法已经放弃管辖权，一律由刑事程序处理。若对醉酒驾驶的行为人裁定酌定不起诉，将无法移交给行政机关进行下一步处罚，且酌定不起诉的机制自身也未附有效的约束机制，在醉酒驾驶型危险驾驶案中适用酌定不起诉极有可能过于宽纵醉驾分子。另一方面，法院在危险驾驶案件中运用免于刑事处罚仍然可能对被告的处罚过重。醉酒型危险驾驶罪不可运用但书13条出罪，也就意味着当其提起公诉并进入审判程序后，法院不得对其作出无罪判决，其最轻的判决即为免于刑事处罚的判决。然而，由于我国对于罪犯在社会生活上存在过多的不利限制，即使其免除刑罚，被判有罪后仍将面临被单位辞退、个人信用严重受损的厄运，免于刑事处罚对情节显著轻微的危险驾驶被告人造成的不利后果仍过于严重。

因此，要在司法实践中对接慎重追究醉酒型危险驾驶罪刑事责任的要求，必须探寻新的出刑机制，而我国近年新创立专用于

---

① 根据新《刑事诉讼法》第173条第3款的规定，人民检察院决定不起诉的案件，应当同时对侦查中查封、扣押、冻结的财物解除查封、扣押、冻结。对被不起诉人需要给予行政处罚、行政处分或者需要没收其违法所得的，人民检察院应当提出检察意见，移送有关主管机关处理。有关主管机关应当将处理结果及时通知人民检察院。

未成年人犯罪嫌疑人刑事追诉的附条件不起诉制度，可以为醉酒型危险驾驶罪的出刑机制提供明朗的思路。

二、危险驾驶罪运用缓起诉制度的价值导向

附条件不起诉制度在我国只适用于未成年人犯罪，新《刑事诉讼法》确立了未成年人附条件不起诉制度。附条件不起诉制度的基本内容为：人民检察院在审查起诉过程中，认为符合法定条件刑事案件中的犯罪嫌疑人情节较轻且有悔罪表现的，决定对其暂不起诉，并在一定考验期内设置若干条件，犯罪嫌疑人考验期内实现该条件的，人民检察院决定不予起诉，并就同一案件不再对其起诉的起诉裁量制度。未成年人附条件不起诉制度是解决司法资源不足的重要法宝，可以该制度为模板，创造在危险驾驶案件中可适用于成年人的缓起诉制度，但在缓起诉制度的设计中，需要格外注意诉讼经济主义价值导向的把握。

（一）未成年人犯罪运用附条件不起诉的价值导向为教育主义

我国在新刑诉法中设立的未成年人附条件不起诉制度，并非因受刑事司法资源紧张和诉讼经济主义推动。当然，为该制度的有效运转，诉讼的经济和效率是必须考虑的因素，但我国对该制度的设置并不以诉讼经济主义为最终目的，其最终目的乃是基于教育刑的未成年犯罪嫌疑人再社会化。[①] 本书认为，建立附条件不起诉出发于教育主义价值导向而非诉讼经济主义的原因在于：第一，整体考察新刑诉法对未成年人刑事诉讼制度的规定，从未成

---

① 立法起草机关也认为，该制度给犯轻罪的未成年人一次改过自新的机会，避免了执行刑罚对其造成的不利影响，有利于使其接受教育，重新融入正常的社会生活。参见臧铁伟主编：《中华人民共和国刑事诉讼法解读》，中国法制出版社 2012 年版，第 600 页。

年犯罪嫌疑人情况调查、讯问与审判、附条件不起诉制度的设计来看，其对诉讼程序的简化并不明显，甚至情况调查比之成年人属于额外附加的程序，而这些新增制度设计的目的正是未成年人的再社会化。第二，附条件不起诉限制在涉嫌第四章、第五章、第六章的犯罪，并可能判处一年以下有期徒刑的范围内，可见立法的谨慎，也从另一角度反映了立法上对涉嫌犯罪未成年人再社会化难度的考虑，在制度运行之初，立法将范围限定在最容易再社会化的未成年人是值得肯定的。第三，我国的立法中对附条件不起诉所附的条件并没有向公益设施或国库支付款项的规定，在各地的实践中也鲜见该规定，更多的是向社会提供义务劳动的条件，可见我国设立该制度并没有太多地考虑未成年犯罪嫌疑人应对社会公益作出何种程度的弥补，考虑更多的是怎样的措施能让未成年犯罪嫌疑人承担义务的同时更好地复归社会。

（二）危险驾驶罪运用缓起诉制度的价值导向应调整为诉讼经济主义

考察域外该制度产生的背景，可知其均在起诉法定主义转向起诉裁量主义的过程中诞生，而起诉法定主义向起诉裁量主义的过渡大都是出于诉讼经济主义的考虑。西德“二战”后采取起诉法定主义，但其起诉法定主义的例外仍因诉讼案件激增而逐渐扩大。例如，1975 年其《刑事诉讼法典》增加检察机关的暂时终止起诉程序的规定。[①] 而我国我国台湾地区在 1999 年确定采行“修正当事人进行主义”的诉讼制度之后，为求诉讼经济与避免案件量庞大造成司法资源的沉重负担，对于非重大犯罪，则赋予检察

① 朱朝亮：《检察官起诉裁量权之各国家和地区比较》，载《月旦法学杂志》1999 年第 12 期。

官缓起诉的权限。[①] 域外该制度的产生大都从诉讼经济主义出发，核心目的在于调整司法资源的配置，让有限的司法资源集中于重罪或疑难案件的处理上。德国该制度的产生虽也受来自美国的标签理论及再社会化的影响，希望透过非正式的制裁程序，使被告既能心生警惕又不敢再犯，又可避免留下污点与标签。[②] 但其对被指控人的再社会化并非其制定该制度的出发点，甚至也不能算该制度在德国的主要价值。从域外对该制度所附加的条件来看，大都有向公益设施或者国库支付款项作为不再追究犯罪的条件的规定，[③] 且其在实践中为非常重要的一环。可见域外对该制度的运用主要考虑的是检察机关诉讼负担的减轻和公益的维护，而非被追诉人的利益，其价值导向是诉讼经济主义。而成年人危险驾驶犯罪与未成年人犯罪有许多不同：其一，未成年人犯罪的矫治着重于教育，而危险驾驶罪的设置主要针对危险驾驶行为人，着重于威慑和惩罚。其二，未成年人运用附条件不起诉制度时是为了解决刑法对未成年人处罚过重及处罚措施过于单一的问题；而危险驾驶罪运用缓起诉制度是为了解决司法资源压力过大而带来的选择性执法或案件积压问题。因此，我国危险驾驶罪运用缓起诉的目的更接近于德国的暂不起诉制度，其应以诉讼经济主义为价值

---

① 王皇玉：《刑罚与社会规训》，元照出版公司 2009 年版，第 35 页。

② 王皇玉：《刑罚与社会规训》，元照出版公司 2009 年版，第 46 页。

③ 如德国《刑事诉讼法典》第 153 条 a 第一款、我国我国台湾地区地区《刑事诉讼法》第 253 条之二第 1 款、法国《刑事诉讼法典》第 41 - 2 条。分别参见李昌珂译：《德国刑事诉讼法典》，中国政法大学出版社 1995 年版，第 73 页；五南法学研究中心编：《必备六法》，五南图书出版股份有限公司 2012 年版，第 8 ~ 46 页；罗结珍译：《法国刑事诉讼法典》，中国法制出版社 2006 年版，第 40 页。

导向。

三、危险驾驶罪运用缓起诉制度的路径选择

由于危险驾驶罪运用缓起诉制度时的价值导向与我国现行的未成年人附条件不起诉制度有所不同，故运用于危险驾驶罪的缓起诉制度需要在诉讼经济主义的指导下进行系列调整。具体来说，我国危险驾驶罪运用缓起诉制度的路径可以从以下几个方面进行调整：

第一，在所附条件的设置上，可以加重诉讼经济主义条件适用的比例：其一，在危险驾驶罪的缓起诉中，除赔偿其对实际侵害人的损失外，可以增加保证金缴纳的适用比例，这笔资金可以专用在道路交通事故中国家对被害人的额外补偿。其二，可以强制要求被告人写悔过书，如果有受害人的应积极道歉。其三，可以扩大公益服务的范围，要求被不起诉人提供100小时以上的公益服务，包括担任交通协管员、清扫大街等，并要求其每天向具体单位报告服务情况。

第二，在违反所附条件的处理上，如果是行为人故意违反所附条件情节严重或达两次以上的，应撤销缓起诉决定，向法院提起公诉。

第三，明确具体的排除适用情形，对国家工作人员绝对不予适用缓起诉制度，防止权力寻租；另外，对再犯危险驾驶罪的行为人强制排除适用。在被不起诉人重新拿驾照之后再犯或者无证驾驶时再犯危险驾驶罪的，不再适用缓起诉制度。

参考文献

一、著作类

1. 广东、广西、湖北、河南辞源修订组、商务印书馆编辑部编:《辞源》，商务印书馆2010年版。

2. 中国社会科学院语言研究所词典编辑室编:《现代汉语词典》(第6版)，商务印书馆2012年版。

3. 胡代光、高鸿业主编:《西方经济学大辞典》，经济科学出版社2000年版。

4. 亢世勇主编:《新词语大词典》，上海辞书出版社2003年版。

5. 力康泰、丁慕英、马克昌等编:《中华法学大辞典·刑法学卷》，中国检察出版社1996年版。

6. 邹瑜、顾明主编:《法学大辞典》，中国政法大学出版社1991年版。

7. 刘树成主编:《现代经济词典》，江苏人民出版社2005年版。

8. 阮智富、郭忠新编:《现代汉语大词典·下册》，上海辞书出版社2009年版。

9. 熊国英:《中国象形字大典》，天津古籍出版社2012年版。

10. 梁根林:《合理地组织对犯罪的反应》，北京大学出版社2008年版。

11. 林东茂:《刑法综览》，中国人民大学出版社2009年版。

12. 林山田:《刑法通论》(增订十版),北京大学出版社 2012 年版。

13. 周光权:《刑法各论》(第二版),中国人民大学出版社 2011 年版。

14. 马克昌:《犯罪通论》,武汉大学出版社 2006 年版。

15. 赵秉志主编:《英美刑法学》,科学出版社 2010 年版。

16. 全国人大常委会法制工作委员会刑法室编:《〈中华人民共和国刑法修正案(八)〉条文说明、立法理由及相关规定》,北京大学出版社 2011 年版。

17. 王皇玉:《刑罚与社会规训》,元照出版公司 2009 年版。

18. 王立主编:《中华人民共和国道路交通安全法实施条例释义》,法律出版社 2004 年版。

19. 王志祥:《危险犯研究》,中国人民公安大学出版社 2004 年版。

20. 魏振瀛、徐学鹿、郭明瑞主编:《北京大学法学百科全书·民法学　商法学》,北京大学出版社 2004 年版。

21. 夏征农、陈至立主编:《辞海:第六版缩印本》,上海辞书出版社 2010 年版。

22. 臧铁伟主编:《中华人民共和国刑事诉讼法解读》,中国法制出版社 2012 年版。

23. 臧铁伟:《〈中华人民共和国刑法修正案(九)〉解读》,中国法制出版社 2015 年版。

24. 赵秉志:《〈中华人民共和国刑法修正案(九)〉理解与适用》,中国法制出版社 2016 年版。

25. 时延安等:《〈中华人民共和国刑法修正案(九)〉解释与适用》,人民法院出版社 2015 年版。

26. ［德］汉斯·海因里希·耶塞克、托马斯·魏根特：《德国刑法教科书·总论》，徐久生译，中国法制出版社 2001 年版。

27. ［德］克劳斯·罗克辛：《德国刑法学总论》（第 1 卷），王世洲译，法律出版社 2005 年版。

28. ［德］约翰内斯·韦塞尔斯：《德国刑法总论》，李昌珂译，法律出版社 2008 年版。

29. ［德］乌尔斯·金德霍伊泽尔：《刑法总论教科书》（第六版），蔡桂生译，北京大学出版社 2015 年版。

30. ［美］理查德·格里格、菲利普·津巴多：《心理学与生活》，王垒、王甦译，人民邮电出版社 2003 年版。

31. ［美］哈伯特·L. 帕克：《刑事制裁的界限》，梁根林等译，法律出版社 2008 年版。

32. ［日］西原春夫：《刑法的根基与哲学》，顾肖荣等译，法律出版社 2004 年版。

33. ［日］森本益之等：《刑事政策学》，戴波等译，中国人民公安大学出版社 2004 年版。

34. ［日］大谷实：《刑事政策学》，黎宏译，中国人民大学出版社 2009 年版。

35. ［日］山口厚：《刑法各论》，王昭武译，中国人民大学出版社 2011 年版。

36. ［英］沃克：《牛津法律大辞典》，李双元等译，法律出版社 2003 年版。

37. ［英］丹尼斯·罗伊德：《法律的理念》，张茂柏译，上海译文出版社 2014 年版。

38. 李昌珂译：《德国刑事诉讼法典》，中国政法大学出版社 1995 年版。

39. 罗结珍译：《法国刑事诉讼法典》，中国法制出版社2006年版。

40. 日本三省堂：《日本刑法典》，张明楷译，法律出版社2006年版。

41. 五南法学研究中心编：《必备六法》，五南图书出版股份有限公司2012年版。

42. 徐久生、庄敬华译：《德国刑法典》，中国方正出版社2004年版。

二、期刊论文类

1. 陈春娥：《论危险驾驶罪的界定及其立法完善》，载《湖北行政学院学报》2012年第5期。

2. 陈珊珊：《论醉驾型危险驾驶罪的客观构成要件》，载《福建江夏学院学报》2013年第3期。

3. 陈子平：《论醉酒驾车罪（不能安全驾驶罪）的争议问题》，载《中外法学》2012年第4期。

4. 储槐植、闫雨：《危险驾驶行为入刑：原因、问题与对策》，载《中南民族大学学报》（人文社会科学版）2012年第2期。

5. 崔建华：《危险驾驶行为的法理分析》，载《西南农业大学学报》（社会科学版）2012年第9期。

6. 董玉庭、黄大威：《危险驾驶罪的规范与完善》，载《学术交流》2011年第8期。

7. 杜文俊、陈洪兵：《质疑“足以”系具体危险犯或危险犯标志之通说》，载《中国刑事法杂志》2012年第2期。

8. 冯军：《论〈刑法〉第133条之1的规范目的及其适用》，载《中国法学》2011年第5期。

9. 高巍：《抽象危险犯的概念及正当性基础》，载《法律科学》（西北政法学院学报）2007 年第 1 期。

10. 高巍：《论危险犯的额未遂》，载《法学评论》2010 年第 1 期。

11. 郭小亮：《新型危险驾驶罪的理解与适用》，载《江西警察学院学报》2016 年第 1 期。

12. 胡东飞：《论刑法意义上的“公共安全”》，载《中国刑事法杂志》2007 年第 2 期。

13. 何洋：《试论刑法中“公共安全”的涵义》，载《河北法学》2012 年第 3 期。

14. 黄继坤：《论醉酒驾驶中的主观有责性问题》，载《法学》2013 年第 3 期。

15. 黄明儒：《浅议交通肇事罪的范围——从交通肇事罪的客体着手》，载《国家检察官学院学报》2000 年第 4 期。

16. 黄娜、刘东根：《论危险驾驶罪的理解与适用》，载《中国人民公安大学学报》（社会科学版）2011 年第 3 期。

17. 蒋熙辉：《危险驾驶罪若干问题再探》，载《人民检察》2012 年第 19 期。

18. 解晓东：《犯罪黑数及其控制》，载《法律科学》2001 年第 2 期。

19. 劳东燕：《以危险方法危害公共安全罪的解释学研究》，载《政治与法律》2013 年第 3 期。

20. 李朝晖：《危险驾驶行为独立犯罪化刍议》，载《江西社会科学》2010 年第 9 期。

21. 李朝晖：《危险驾驶行为犯罪化的应然表述》，载《江汉论坛》2011 年第 6 期。

22. 李朝晖：《危险驾驶罪司法适用论要》，载《河南大学学报》（社会科学版）2011 年第 6 期。

23. 李冠煜：《再论危险驾驶罪的客观方面——超前立法观、实质解释论、类型思维法之运用》，载《北方法学》2014 年第 6 期。

24. 李川：《论危险驾驶行为入罪的客观标准》，载《法学评论》2012 年第 4 期。

25. 李飞：《危险驾驶罪的几个争议问题》，载《绵阳师范学院学报》2011 年第 12 期。

26. 刘涛：《法益、责任、危险——抽象危险犯争议问题探究》，载《中国刑事法杂志》2012 年第 9 期。

27. 刘远：《危险驾驶的刑事责任问题探究》，载《法学论坛》2009 年第 6 期。

28. 孟君：《危险驾驶行为的刑法规制》，载《湖北警官学院学报》2010 年第 2 期。

29. 彭文华：《危险驾驶行为入罪的必要性与可行性——以〈刑法修正案（九）〉的相关规定为视角》，载《法学论坛》2015 年第 5 期。

30. 彭美英：《刑法第 185 条之 3 不能安全驾驶罪之再探讨》，载《月旦法学杂志》2007 年第 5 期。

31. 曲新久：《危险驾驶罪的构成要件及其问题》，载《河北学刊》2012 年第 1 期。

32. 曲新久：《论刑法中的“公共安全”》，载《人民检察》2010 年第 9 期。

33. 申纯：《危险驾驶罪立法解读》，载《时代法学》2011 年第 5 期。

34. 苏彩霞：《“风险社会”下抽象危险犯的扩张与限缩》，载

《法商研究》2011 年第 4 期。

35. 孙燕山、孟穗：《犯罪主观方面认识因素再探讨》，载《河北法学》2008 年第 11 期。

36. 王聘兴：《怎样下定义》，载《前线》1964 年第 9 期。

37. 王强军：《危险驾驶罪的构成特征及司法适用》，载《学术交流》2011 年第 11 期。

38. 王耀忠：《危险驾驶罪罪过等问题之规范研究》，载《法律科学》（西北政法大学学报）2012 年第 5 期。

39. 王志祥、敦宁：《危险驾驶罪探析》，载《中国刑事法杂志》2011 年第 7 期。

40. 魏东：《“危险驾驶”适用解释中的两个问题》，载《江西警察学院学报》2011 年第 9 期。

41. 夏汉青、朱俊：《危险驾驶罪若干问题探讨》，载《中共郑州市委党校学报》2013 年第 2 期。

42. 谢杰、王延祥：《抽象危险犯的反思性审视与优化展望——基于风险社会的刑法保护》，载《政治与法律》2011 年第 2 期。

43. 谢望原、何龙：《“醉酒型”危险驾驶罪若干问题探究》，载《法商研究》2013 年第 4 期。

44. 谢望原：《作为刑罚价值的自由》，载《法学研究》1998 年第 4 期。

45. 谢佳君：《日本危险驾驶致死伤罪的立法探析——以对我国危险驾驶罪的立法借鉴为视角》，载《刑法论丛》第 43 卷。

46. 许泽天：《酒驾、肇事与弃逃的刑法三部曲》，载《月旦法学杂志》2011 年第 6 期。

47. 薛晓源、刘国良：《法治时代的危险、风险与和谐——德国著名法学家、波恩大学法学院院长乌·金德霍伊泽尔教授访谈录》，载《马克思主义与现实》2005 年第 3 期。

48. 闫雨、王鹏祥：《危险驾驶罪探析》，载《周口师范学院学报》2011 年第 6 期。

49. 杨向华：《论危险驾驶罪中的“追逐竞驶”》，载《湘潮》2011 年第 9 期。

50. 詹红星：《危险驾驶罪的立法解读与反思》，载《西部法学评论》2011 年第 4 期。

51. 张红艳：《风险社会中公害犯罪之刑法规制》，载《中州学刊》2009 年第 9 期。

52. 张建：《“醉驾型”危险驾驶罪的反拨与正源》，载《华东政法大学学报》2011 年第 5 期。

53. 张丽卿：《交通犯罪之法律规范与实证分析》，载《中原财经法学》2012 年第 6 期。

54. 张丽卿：《酒测 0.91 毫克竟也无罪》，载《月旦法学杂志》2012 年第 2 期。

55. 张丽卿：《论刑法公共危险罪章的新增订》，载《月旦法学杂志》1999 年第 8 期。

56. 张明楷：《论刑法的谦抑性》，载《法商研究》1995 年第 4 期。

57. 张明楷：《危险驾驶的刑事责任》，载《吉林大学社会科学学报》2009 年第 6 期。

58. 张明楷：《危险驾驶罪的基本问题——与冯军教授商榷》，载《政法论坛》2012 年第 6 期。

59. 张克文：《也论危险驾驶罪的基本问题——与冯军、张明楷两位教授商榷》，载《当代法学》2014 年第 1 期。

60. 张秋：《危险驾驶行为定性研究》，载《河南科技大学学报》(社会科学版) 2011 年第 3 期。

61. 张淑芳:《危险驾驶犯罪的行政法责任问题探析》,载《福建法学》2013 年第 2 期。

62. 张骁骁:《追逐竞驶型危险驾驶罪认定中的若干问题》,载《湖北警官学院学报》2013 年第 6 期。

63. 张心向、王强军:《社会风险控制视域下的危险驾驶罪研究》,载《南开学报》(哲学社会科学版) 2012 年第 2 期。

64. 赵秉志、刘远:《危险驾驶罪研析与思考》,载《政治与法律》2011 年第 8 期。

65. 赵秉志、袁彬:《刑法与相关部门法关系的调适》,载《法学》2013 年第 9 期。

66. 周宏伟:《危险驾驶罪中醉驾认定的疑难问题实证分析》,载《中国人民公安大学学报》(社会科学版) 2012 年第 3 期。

67. 朱朝亮:《检察官起诉裁量权之各国家和地区比较》,载《月旦法学杂志》1999 年第 12 期。

68. [德] 乌尔里希·贝克:《风险社会再思考》,郗卫东编译,载《马克思主义与现实》2002 年第 4 期。

69. [德] 约克·艾斯勒:《抽象危险犯的基础和边界》,蔡桂生译,载《刑法论丛》第 14 卷。

三、学位论文类

1. 蔡慧芳:《从危险犯理论论不能安全驾驶罪》,台湾大学法律研究所 2000 年博士论文。

2. 周舟:《中日道路交通犯罪比较研究》,华东政法大学 2015 年博士学位论文。

3. 蔡伟杰:《从危险概念论酒后驾车之刑事责任》,台北大学法学系 2002 年硕士论文。

4. 陈建源：《酒醉驾驶罪及其科学检测之研究》，东吴大学法律学系 2010 年硕士论文。

5. 何斐萍：《论交通犯罪——以 2001 年日本刑法之相关修正为中心》，台北大学法学系 2002 年硕士论文。

6. 许莹竹：《危险驾驶行为刑法规制研究》，西南大学 2011 年硕士学位论文。

7. 张煜科：《危险驾驶行为犯罪化研究》，南昌大学 2009 年硕士学位论文。

四、其他文献

1. 秦怀川：《“开得不远”成醉驾免刑理由的恶劣效应》，载《济南日报》2012 年 6 月 20 日第 F02 版。

2. 莫洪宪、杨文博：《刑法修正案（八）“危险驾驶罪”之具体认定》，载《检察日报》2011 年 3 月 14 日第 3 版。

3. 陈宏光：《“飙车”入刑为何遭遇执行难》，载《上海法治报》2012 年 6 月 4 日第 B8 版。

4. 刘子阳：《权威披露典型危险驾驶行为特点》，载《法制日报》2015 年 12 月 2 日第 4 版。

5. 宋世明等：《统一执法尺度全力预防酒驾高发》，载《江苏法制报》2013 年 6 月 13 日第 4 版。

6. 王恒：《世界各国对危险驾驶的法律规定》，载《人民法院报》2013 年 7 月 26 日第 8 版。

7. 王攀：《深圳交警重拳整治“飙车”》，载《人民公安报》2012 年 6 月 7 日第 1 版。

8. 辛祖国、吴小军：《危险驾驶入刑五大问题困扰司法实践》，载《人民政协报》2013 年 5 月 27 日第 B4 版。

9. 张洋:《醉驾入刑有效果　法治入心显力量》，载《人民日报》2014 年 10 月 20 日第 11 版。

10. 郑冰、秦健:《危险驾驶案中的“道路”认定》，载《江苏法制报》2013 年 1 月 28 日第 6 版。

11. 何欣:《公安部: 闯黄灯暂不处罚》，载《北京晨报》2013 年 1 月 7 日第 6 版。

12. 肖菁、董箫乐:《飙车被判危险驾驶罪，浙江首例》，载《钱江晚报》2013 年 4 月 23 日第 9 版。

13. 《小区醉驾是否该入刑》，http://zjfzb. zjol. com. cn/zjfz/html/2011 -05/26/ content_5_1. htm.

14. 王秋实:《最高法副院长解读“醉驾入刑”: 追究刑责应慎重》，http://news. xi nhuanet. com/legal/2011 -05/11/c_121401275. htm.

15. 李奎:《宝马女首因“竞驶”被判拘役》，http://www. fawan. com/Article/fz/sx/ 2011/12/03/114248138469. html.

16. 有关我国台湾地区“刑法”185 条之三的沿革，参见我国台湾地区立法院法律系统，http://lis. ly. gov. tw/lgcgi/lglaw? @19:1804289383:f:NO%3DE04536 * %2 0OR%20NO%3DB04536 $ $11 $ $ $PD%2BNO.

17. 张丽卿:《违反交通规则之刑事处罚研究》，载京师刑事法治网，http://www. crimina llawbnu. cn/criminal/Info/showpage. asp? pkID =8330.

18. 中国人大网:《刑法修正案（草案）条文及草案说明》，http//www. npcgovcn/huiyi/cw h/1116/2010 -08/28/content_1593165htm.

后　记

本书是在我的同名博士论文基础上修订而成的。在读博期间，我的导师张军教授对我的论文从结构到主要观点都给予了悉心指导。张老师的谆谆教导和真知灼见使我受益良多。师恩似海，学生将永远铭记于心！

在三年学习期间，我得到了高铭暄教授、刘明祥教授、肖中华教授、谢望原教授、韩玉胜教授、黄京平教授、田宏杰教授的许多珍贵指点和帮助。从论文开题到预答辩，各位老师在调整论文结构、修改论文内容甚至语句、标点等方面都给予了详尽的指导，提出了中肯的意见。在论文答辩中，外校的各位专家梁根林教授、王文华教授、郑丽萍副教授对论文存在的问题和将来的修改也提出了宝贵的意见。在此，学生表示深深的感谢！

在论文写作中，我的同学范连玉博士、刘传稿博士、伍正博士、童敏博士、廖天虎博士经常和我讨论论文的结构和观点，他们智慧的言语给我很多启发，在此表示感谢。

本书的顺利完成，离不开我父母的鼓励和支持。读博期间，父亲一直患病，但仍努力支持我的学业，母亲承担了所有照顾父亲的劳动。父母之爱，无以为报，谨以本书的出版感谢父母多年的付出，愿父母健康长寿。

梁　宾

2016 年 7 月